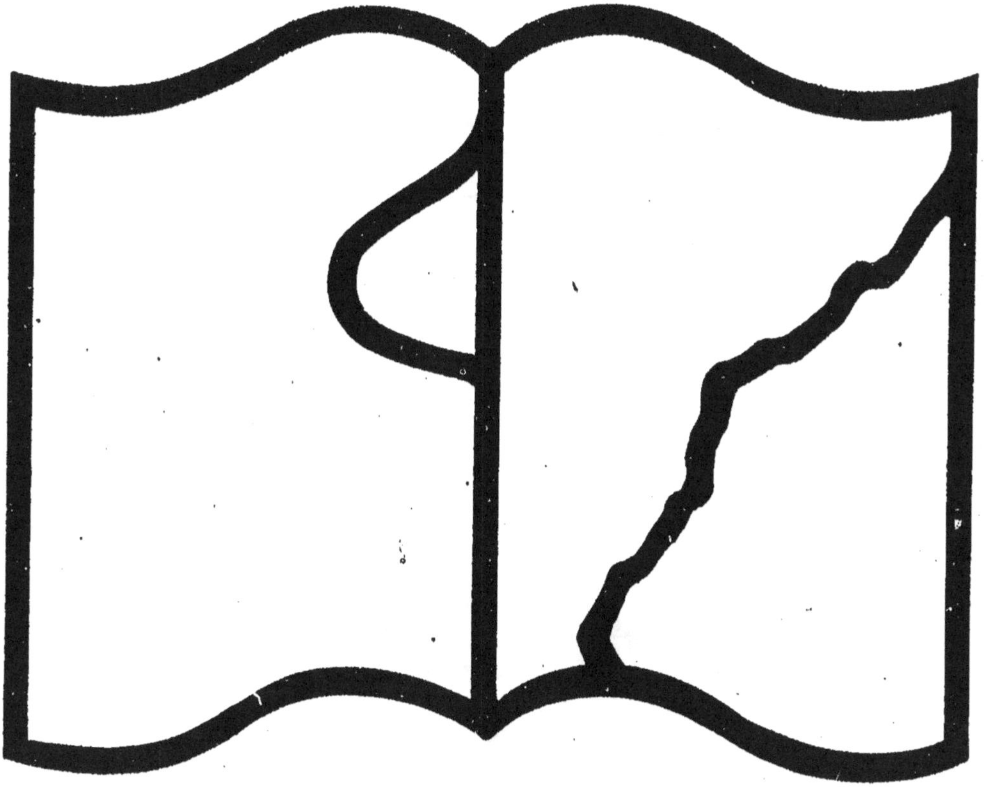

Texte détérioré — reliure défectueuse

NF Z 43-120-11

**Symbole applicable
pour tout, ou partie
des documents microfilmés**

JOSEPH ZACCONE

RÉFLEXIONS PHILOSOPHIQUES

D'UN

VIEUX SOLITAIRE

DEUXIÈME ÉDITION

REVUE ET AUGMENTÉE

> La liberté de penser et d'écrire est non seulement utile pour l'humanité, mais un bien pour l'État. SPINOZA.
>
> La liberté d'examen n'est au fond que le droit à la liberté. Paul JANET.

PARIS

E. DENTU, Éditeur

Libraire de la Société des Gens de Lettres

3, PLACE VALOIS (PALAIS-ROYAL)

1888

OUVRAGES DU MÊME AUTEUR :

Chez BAUDOIN, rue Dauphine, 30

DE BATNA A TUGGURT (Voyage dans les oasis du Sahara algérien, au sud de la province de Constantine) 1 vol. in-12. . **3 fr.**

RÉSUMÉ DE FORTIFICATION A L'USAGE DES OFFICIERS. 1 vol. in-8°, avec atlas in-4° de 17 planches, gravées par **Lemaitre 12 fr.**

Chez ROTHSCHILD, rue des Saints-Pères

PLANTES FOURRAGÈRES. — Album des cultivateurs. — 1 atlas grand in-folio de 60 planches, avec texte en regard . . . **25 fr.**

RÉFLEXIONS PHILOSOPHIQUES

Paris. — Imprimerie Paul DUPONT, 24, rue du Bouloi
(Hôtel des Fermes) 369.3.88

JOSEPH ZACCONE

RÉFLEXIONS PHILOSOPHIQUES

D'UN

VIEUX SOLITAIRE

DEUXIÈME ÉDITION

REVUE ET AUGMENTÉE

> La liberté de penser et d'écrire est non seulement utile pour l'humanité, mais un bien pour l'État. SPINOZA
>
> La liberté d'examen n'est au fond que le droit à la liberté. Paul JANET.

PARIS

E. DENTU, ÉDITEUR

LIBRAIRE DE LA SOCIÉTÉ DES GENS DE LETTRES

3, PLACE VALOIS (PALAIS-ROYAL)

1888

Tous droits réservés

NOTA

Les citations des tragiques grecs sont extraites des traductions de Pierron, de Poissonneaux et d'Artaud.

Celles de Sénèque sont de Baillard.

Celles de Descartes proviennent de l'édition publiée par Jules Simon.

Celles de Spinoza sont tirées de la traduction d'Émile Saisset.

Celles de Pascal sont prises dans la petite Bibliothèque nationale

A MON FRÈRE
PIERRE ZACCONE

Je te dédie ce volume qui renferme mes dernières pensées philosophiques. Puisse ce témoignage de vieille amitié resserrer plus encore, si c'est possible, les liens qui nous unissent depuis notre enfance.

Joseph ZACCONE.

2 avril 1888.

AVANT-PROPOS

Tout homme qui s'est occupé de philosophie ou de métaphysique a dû s'apercevoir que les meilleures théories ne satisfont pas toujours le lecteur, voire même celles émises par les auteurs les plus éminents. Cela tient à la difficulté de bien rendre une pensée.

Nous savons que *Socrate* n'a pu définir la science dans le Théétète ; il éprouva le même embarras à l'égard du beau dans le premier Hippias.

Aristote définit le beau : l'ordre, la

proportion, la mesure. C'est exact pour les beaux-arts.

Kant prétend que le beau est subjectif. C'est plus que probable.

M. *Vacherot* pense que le beau gît dans le rapport des choses à notre imagination, que notre manière de sentir et d'apprécier fait *apparaître* les éléments de la réalité sous un aspect qui éveille en nous le sentiment et la contemplation du beau.

Certains philosophes sensualistes définissent le beau, ce qui plaît.

La définition du beau dépend donc de l'esprit de chaque observateur, de son tempérament, de son âge, de son instruction, de son éducation, etc. Cela ne permet pas de donner un principe invariable pour connaître ce qui est beau.

AVANT-PROPOS

×

En étudiant des ouvrages philosophiques, nous avons souvent pris la plume pour écrire nos observations, mais le plus ordinairement nous étions arrêté par l'impossibilité de trouver une expression rendant parfaitement notre idée sans prêter le flanc à la critique. Quoi qu'il en soit, voulant nous rendre compte de nos impressions, nous avons cherché à formuler notre opinion sur les points les plus importants, les plus controversés, à savoir : *Dieu*, *l'âme*, *l'homme*, la *Providence*, le *libre arbitre*, la *matière*.

Pour être intelligible, nous avons rejeté toute superstition, et nous sommes parti de ce principe établi par *Descartes :*

qu'il ne faut rien admettre pour vrai qui ne soit clairement et distinctement conçu comme vrai. Nous pensons, comme lui, que le droit de la philosophie, c'est le libre examen.

PHILOSOPHIE

> La philosophie est l'étude du vrai bonheur.
>
> (De Ségur.)

> La philosophie est la religion de la raison.
>
> (Proudhon.)

PHILOSOPHIE

Le mot philosophie signifie : amour de la sagesse.

Puisque le mot philosophie veut dire amour de la sagesse, l'étude de cette science a pour but le bonheur de l'humanité, et, comme moyen de l'atteindre, elle oblige l'homme à s'enquérir des meilleures voies qui peuvent y conduire.

×

D'après *Platon*, « la philosophie est l'étude de la mort ».

×

Socrate a dit avant lui que « s'effrayer de

la mort, c'est craindre une chose qu'on ne sentira pas étant mort ».

Montaigne a pensé de même : « philosopher, c'est apprendre à mourir ; pourquoi craindrions-nous de perdre la vie, laquelle, perdue, ne peut être regrettée ? »

Newton était du même avis.

Il est certain que l'homme qui envisage la mort avec calme et indifférence est heureux, car c'est plutôt l'effroi de la mort qui trouble les meilleures natures que la mort même.

Il y a du vrai dans ces définitions, mais, avant d'apprendre à mourir, *la philosophie enseigne à vivre en homme de bien*, et c'est là surtout, ne l'oublions jamais, son côté utile et pratique. Notre existence ainsi bien remplie, nous vivons dans une douce quiétude, et nous mourons sans regrets, la conscience tranquille.

Spinoza pose en principe que « la sagesse d'un homme libre n'est point une méditation de la mort, mais une méditation de la vie ». — C'est aussi notre opinion.

Pour retirer tous les fruits possibles de l'étude de la philosophie, il faut rentrer en soi-même, et commencer par mettre en pratique ce précepte énoncé par *Socrate :*
Connais-toi toi-même.

Au moyen âge, la philosophie était subordonnée à la théologie; aussi les philosophes de cette époque sont-ils pour la plupart obscurs, gênés qu'ils étaient par la théologie qui leur défendait d'arriver par leurs recherches à des conclusions autres que celles enseignées par le catholicisme, religion de l'État.

Malgré cette défense, beaucoup de philosophes n'ont pas craint d'émettre ouvertement leurs opinions, et sont morts sur le bûcher en affirmant leur foi philosophique.

Voici quelques noms de ces martyrs de la libre pensée :

Le concile de Paris tenu en 1210 fit un procès à la mémoire d'*Amaury*, mort un an auparavant. Il avait professé un panthéisme mystique. Il fut déclaré hérétique, et l'on déterra ses os pour les jeter au vent. On y condamna aussi quatorze de ses disciples à être brûlés. (*Histoire des conciles.*)

Cecco d'Ascoli, brûlé par ordre de l'Inquisition, en 1327, à Florence, pour avoir mal parlé de la religion catholique.

Jean Huss, brûlé vif à Constance (Suisse), en 1415, pour avoir rejeté l'autorité du pape et avoir attaqué les excommunications, le culte de la Vierge et celui des saints.

Jérôme de Prague, disciple de Jean Huss, brûlé à Constance en 1416.

Copernic étant mort en 1543, son livre posthume fut brûlé par la main du bourreau comme en opposition avec le texte de la Bible qui met la terre immobile au centre de l'Univers. Cette erreur de la Bible ne doit pas nous surprendre, et si elle en contient beaucoup d'autres, c'est que les rédacteurs de ce livre étaient des hommes sans instruction : *Errare humanum est*.

Étienne Dolet, brûlé en place Maubert, à Paris, en 1546, pour avoir professé le matérialisme.

Anne Dubourg, conseiller au Parlement de Paris, fut pendu et brûlé en place de Grève, en 1559, pour s'être prononcé ouvertement en faveur du calvinisme.

Giordano Bruno, brûlé vif à Rome, le 17 février 1600; était panthéiste comme *Spinoza* le fut depuis.

Vanini eut la langue coupée, et fut pendu et brûlé en 1619, à Toulouse, pour n'avoir cru ni à Dieu, ni à l'immortalité de l'âme, ni au libre arbitre, ni à la Providence.

Etc., etc.

×

On voit que le catholicisme, comme toutes les religions, ne laissa jamais échapper une occasion d'affirmer son autorité despotique. Dans les premiers siècles les païens livrèrent aux bêtes les chrétiens ; mais quand ceux-ci furent les maîtres, ils prirent leur revanche en brûlant ceux qui ne pensaient pas comme eux. Cette religion, soi-disant d'amour, rendait le mal pour le mal ; c'est le *par pari refertur* des païens et des Hébreux.

×

Toutes les religions sont intolérantes, parce que chacune d'elles se croit en possession de la vérité.

Le protestantisme a suivi l'exemple peu édifiant du catholicisme. *Servet*, adversaire de la trinité et de la divinité de Jésus-Christ, fut déclaré hérétique par Calvin, qui le fit arrêter à Genève, et brûler vif le 26 octobre 1555. Ce crime ne prouva rien en faveur de la trinité ni de la divinité de Jésus.

L'islamisme a été aussi cruel et inflexible. Un célèbre poète musulman du xv° siècle, ayant admis le panthéisme dans ses œuvres, fut cité devant les ulémas qui le firent écorcher vivant à Brousse. Cet acte barbare n'empêcha pas le panthéisme de progresser.

Ces citations suffisent pour faire comprendre combien il est dangereux pour la philosophie, et pour toute science, que la théocratie arrive au pouvoir. Toutes ces atrocités ont déshonoré les religions qui les ont commises, leur ont aliéné tous les cœurs honnêtes, et n'ont pas empêché la libre pensée de se faire jour et de se répandre sur la terre. Son règne arrive à grands pas. Il faut que les religions en prennent leur parti, les superstitions ont fait leur temps, les peuples éclairés les repoussent ou les tournent en ridicule, les considérant comme les débris des cultes du paganisme surchargés des légendes du moyen âge élaborées dans les cloîtres.

Au xviii° siècle, on a donné le nom de philosophie à l'étude des êtres immatériels, *Dieu* et *l'âme*. Elle comprenait alors la théodicée et la psychologie, et conséquemment la morale qui résume les principes pouvant guider l'homme dans le chemin de l'honneur, où il doit trouver le bonheur suprême réservé à toute conscience pure.

Un philosophe est donc celui qui fait usage de sa raison pour sonder l'esprit humain, arriver à connaître, autant qu'il est possible, les choses par leurs causes et leurs effets, et à discourir sur les grandes questions qui occupent et occuperont toujours l'homme, savoir : *Dieu, l'âme, la Providence, le libre arbitre.* Nous pensons que ce sont là les seuls problèmes dignes de l'attention des philosophes modernes.

En considérant les travaux de tous les philosophes depuis les temps historiques les plus reculés jusqu'à nos jours, et ne prenant que ceux qui font école, on trouve qu'ils se partagent en deux camps bien distincts par rapport à la question principale qui les divise et qui les divisera jusqu'à la consommation des siècles; nous voulons parler de *l'immortalité de l'âme*, acceptée par les *spiritualistes*, et repoussée par les *athées*, les *déistes*, les *panthéistes* et les *libres penseurs*.

Les *athées* nient l'existence de Dieu, c'est-à-dire d'une intelligence supérieure en dehors de la matière ; à plus forte raison rejettent-ils l'âme et son immortalité. Ils soutiennent que la nature a les qualités voulues pour sa reproduction ; c'est aujourd'hui l'opinion de tous les naturalistes et de beaucoup de philosophes.

D'après *Moleschott, Büchner*, etc., la matière est douée d'une force qui lui est inhérente de toute éternité et ne peut en être séparée.

Bernardin de Saint-Pierre raisonnait de même.

Les *déistes* reconnaissent un Dieu, mais n'admettent point l'âme et son immortalité ; on les appelle *matérialistes*.

Les *panthéistes* proclament que Dieu est tout ce qui est. Dieu comprend tout, l'étendue et la pensée ; tous les êtres ne sont que des manifestations finies du *grand Tout*. Avec le panthéisme l'âme disparaît.

Cette théorie détruit la personnalité de Dieu et celle de l'homme ; celui-ci n'a pas de libre arbitre, il est soumis à la fatalité qui est la conséquence de son organisation.

Il est à remarquer que le *fatalisme* est la base des *philosophies orientales;* le libre arbitre est celle de la plupart des philosophies occidentales.

Les *spiritualistes* croient à Dieu, à l'âme et à son immortalité, avec récompenses ou peines, à la mort, selon la ligne bonne ou mauvaise que l'homme aura suivie durant son existence.

Enfin, ce siècle aura vu *revivre* la philosophie du *spiritisme* remise en honneur par *Allan Kardéc*.

Nous disons *revivre* parce que le spiritisme date de bien loin. En effet, nous lisons dans la Bible, au chapitre 28 du 1er livre des Rois : *Saül* va consulter une femme d'Endor qui a l'esprit de Python, et lui dit : consulte pour moi l'esprit de divination et me suscite celui que je te dirai.

Qui évoquerai-je? demande cette femme.

Évoque-moi Samuel.

Samuel, couvert d'un manteau, *apparaît à Saül* et lui reproche de l'avoir troublé en l'évoquant, etc.

C'est un acte de *nécromancie;*

Les *spirites* proclament Dieu, l'âme immortelle et une métempsychose humanitaire. Ils enseignent que la vie de l'homme ne se borne pas à une seule existence passée sur notre globe, et qu'à la mort l'âme suivra une carrière de transmigrations successives jusqu'à la fin des siècles, c'est-à-dire éternellement, en passant par des positions sociales plus ou moins heureuses suivant qu'elle aura progressé, ou non, dans le bien. Ces transmigrations auront lieu soit sur notre terre, soit sur les planètes infinies, connues ou inconnues qui peuplent l'univers sans fin.

C'est une variété de la philosophie de la religion de Brahma. Les Védas sont pleins de la doctrine de la transmigration des âmes ; aussi est-il défendu de tuer les animaux dans les pays qui professent le brahmanisme.

Le spiritisme enseigne que l'âme, à la mort de l'homme, se rend dans l'immensité où elle est à la disposition de Dieu qui l'envoie, quand il le juge à propos, dans un autre corps pour améliorer ou compléter son état psychique, et cela *sans avoir la moindre idée de son existence primitive* ou des existences qu'elle a déjà subies. On se demande tout de suite pourquoi cet oubli du passé ? à quoi peuvent lui servir ses épreuves antérieures si le souvenir en est effacé ? qui de nous se rappelle avoir déjà vécu ?

L'âme n'ayant pas conscience d'elle-même relativement à ses existences passées, perd sa personnalité et se confond alors avec le principe éternel, cette force qui est tout, et qui fait la base du Panthéisme. Le spiritisme n'est qu'une variété du Panthéisme.

Nous croyons qu'il serait plus logique et plus profitable de se rappeler les existences accomplies. En effet, si un homme a vécu honnêtement, on ne voit pas pourquoi il serait privé de la satisfaction de se rappeler une existence bien remplie ? Si, au contraire, il a mal vécu, ne serait-il pas à désirer que le souvenir lui en restât, afin de réveiller en lui des remords, et de le pousser dans la bonne voie ?

×

Pezzani est l'auteur d'un volume intitulé : *la Pluralité des existences de l'âme.*

Dans la préface de la 4ᵉ édition il reconnaît que sa théorie philosophique repose sur une *hypothèse.* Sentant la faiblesse de ce point de départ dans une question aussi sérieuse, il cherche à le justifier en soutenant qu'il croit avoir le même droit, la même faculté de démonstration que pour les sciences physiques où l'on part d'une hypothèse, sauf à vérifier après sa conformité avec les phénomènes qu'elle a la prétention d'expliquer.

Nous ne partageons pas cette manière de voir. En effet, les *sciences physiques* qui posent une *hypothèse* permettent aux auteurs de grouper autour d'elle tous les *phénomènes* qui viennent la corroborer. Mais en *métaphysique* il n'en est pas de même, attendu que les phénomènes dits psychiques ne peuvent jamais être démontrés avec certitude, et ne sont réellement que des *hypothèses* qu'il est impossible de résumer en formules précises comme celles données en mathématiques, en physique, en chimie, qui rendent compte des *phénomènes positifs;* ce qui ne peut avoir lieu en métaphysique où tout est vague, indéterminé, imaginaire.

Pezzani, dans son introduction, a écrit cette phrase peu courtoise : « Se demander si l'âme est immortelle, en vérité, c'est une pure niaiserie. »

Comment, une pure *niaiserie !* Laissons de côté ce mot qui ne convient pas dans une discussion philosophique, et abordons la question. Nous pensons, nous, que dans une théorie telle que *la pluralité des existences de l'âme dont l'immortalité doit être la base,* il est de toute nécessité de prouver cette *immortalité*, sinon tout s'évanouit.

Pezzani, qui a foi en la pluralité des existences de l'âme, dit : « Nous serons, parce que nous sommes. Que sommes-nous? des personnes ; nous serons donc *perpétuellement* des personnes. »

Et il ajoute :

« Descartes a dit : « Je pense, donc je suis » ; nous dirons : « *Je suis, donc je suis immortel.* » Singulière conclusion !

De pareils arguments ne se discutent pas, nous les livrons au lecteur.

×

Figuier, dans son ouvrage intitulé : *Le lendemain de la mort*, prétend que le souvenir de la première vie terrestre reviendra à l'individu quand, par les perfectionnements convenables de son âme, il aura mérité de passer à l'état d'être surhumain. « Alors il se remémorera les mauvaises actions de sa première existence terrestre ou de ses existences multiples, s'il a dû recommencer plusieurs fois l'épreuve ; et la pensée de ses mauvaises actions sera encore son châtiment dans le séjour du bonheur qu'il aura fini par conquérir et atteindre. »

Comment ! quand une âme aura conquis (par ses mérites sans doute) le séjour du bonheur, elle sera tourmentée par le remords de ses mauvaises actions commises dans des existences antérieures ! mais alors elle ne sera pas heureuse, elle n'aura pas à se féliciter d'avoir atteint le séjour du bonheur puisqu'elle ne l'y aura pas trouvé ! Son raisonnement est illogique ; il est vrai que cette philosophie de l'autre monde est une utopie, une *hypothèse* qui ne repose sur rien.

La pluralité des mondes habités est une donnée irréfutable de l'astronomie moderne que Flammarion a si bien exposée dans ses ouvrages. Cette croyance est adoptée par tous les philosophes d'aujourd'hui ; elle est conforme à la raison et en rapport avec la puissance de la nature, mais elle est indépendante du spiritisme. Il est difficile d'admettre qu'il en soit autrement depuis qu'il est reconnu que l'univers n'a pas été fait pour l'agrément des habitants de la terre, comme veulent le faire croire certains théologiens, et que nous savons que notre planète n'est qu'un atome perdu au milieu de cette nébuleuse annulaire désignée sous le nom de *Voie lactée*.

D'après ce qui précède, on voit que la question qui prime toutes les autres est celle de *l'immortatité de l'âme*, parce qu'elle nous intéresse personnellement.

L'étude de la philosophie nous a conduit à constater qu'il faut beaucoup de loisirs pour parcourir tous les auteurs qui ont abordé cette spécialité, lorsqu'on veut se former une opinion exacte des théories de chacun d'eux, et faire choix d'une école qui réponde à nos aspirations. Désirant arrêter nos convictions, nous avons résumé les principes philosophiques des chefs d'école afin d'en extraire les définitions de Dieu, de l'âme, du libre arbitre, etc.

On croirait tout d'abord que la vérité étant une, elle aurait dû apparaître identique aux esprits supérieurs qui ont éclairé l'humanité. En y réfléchissant on ne tarde pas à comprendre que l'époque où l'on vit, le milieu dans lequel on se trouve, le pays qu'on habite, la religion dominante, la forme du gouvernement, l'état moral de la société qui nous entoure, notre éducation première, notre âge, notre position sociale, notre instruction, l'état d'avancement des sciences, des langues, et les superstitions de toutes sortes qui nous enveloppent malgré nous, et le plus souvent à notre insu, doivent influencer le jugement à porter sur certaines thèses philosophiques.

Il est certain que l'homme des montagnes, en présence de ces masses imposantes qui se perdent dans les nues, a d'autres idées que celui de la plaine. L'habitant des noirs frimas n'envisage pas les choses comme celui du Midi. Qui de nous, dans ses voyages, n'a pas senti ses pensées se modifier, grandir sous les rayons bienfaisants d'un soleil radieux, à l'aspect d'un paysage superbe, d'un panorama splendide, ou d'une nature sauvage. Il s'ensuit que chaque peuple, selon sa station géographique, a des idées qui lui sont propres, et que la philosophie qui les condense lui étant particulière, le système qui en découle se ressent du pays qui l'a vu naître, et aussi du tempérament du peuple. De là des opinions différentes sur les mêmes sujets.

C'est précisément cette diversité de sentiments qui a produit les religions modernes et qui, dans l'antiquité, a créé les dieux du paganisme en divinisant les forces de la nature, comme l'avait fait le polythéisme des Védas.

On rit aujourd'hui de ces dieux, mais, à cette époque reculée, ils avaient leur raison d'être, parce qu'ils donnaient satisfaction aux croyances poétiques et aux légendes mystiques ; toutes choses auxquelles les peuples primitifs s'attachent d'autant plus qu'ils sont moins éclairés. Voilà pourquoi il faut répandre largement l'instruction dans le peuple, afin de lui ouvrir les voies de la raison, et de détruire les superstitions qui oblitèrent son intelligence.

DIEU

> Dieu c'est la loi naturelle, immuable, en vertu de laquelle tout se développe et progresse.
> (L. Jourdan.)

DIEU

—

Quand l'homme fait usage de sa raison pour savoir ce qu'il est, d'où il vient, où il va, il est conduit immédiatement à se demander qui l'a mis sur cette terre? A cette question les prêtres qui lui enseignent la religion du pays, ou celle dans laquelle il est né, et les professeurs qui lui donnent des notions de philosophie lui répondent : c'est *Dieu*.

A ce mot l'homme réfléchit, cherche à se rendre compte, médite et finit par être persuadé qu'il lui est impossible de définir une puissance qu'il ne connaît pas, dont il ne peut pas même avoir une idée approximative, mais dont l'action semble se manifester en tout ce qui frappe ses yeux dans le règne animal, végétal, minéral, et dont la sagesse paraît se révéler dans la perfection immuable des lois physiques, chimiques et astronomiques.

Comment, en effet, définir l'Être que nul n'a vu.

Si l'homme s'adresse aux spiritualistes, ceux-ci lui répondent : Dieu est un pur *esprit*, éternel, infiniment parfait, créateur de toutes choses.

Cette réponse ne résout pas la question. Elle ne nous éclaire pas sur l'*essence* de Dieu et l'on ne comprend pas ce que peut être un *esprit*. Personne ne peut éclaircir cette définition.

Quand on veut définir, il faut être très prudent en paroles et en expressions, pour ne pas tomber dans une tautologie, répétant la même idée en termes différents sans faire avancer le problème. Nous croyons qu'il est plus sage de s'abstenir que de vouloir déterminer l'impossible, l'inconnu. Pascal était dans le vrai quand il recommandait de n'employer jamais aucun terme dont on n'eût auparavant expliqué nettement le sens, et de n'avancer jamais aucune proposition qu'on ne pût démontrer par des vérités déjà connues.

×

Le théologien, de quelque religion, de quelque secte qu'il soit, veut, dans son orgueil, donner à ses coreligionnaires une définition de Dieu. Il sait parfaitement qu'elle ne peut être exacte puisqu'elle n'est que le produit de son imagination ; peu lui importe, il faut avant tout qu'il impose ses dogmes à la foule superstitieuse, au peuple ignorant, pour lui faire croire que lui seul connaît Celui qui est... l'Éternel.

Il arrive ainsi à dominer les naïfs, les pauvres d'esprit, et à faire accepter sa manière de voir à ceux qui, par situation officielle, position sociale, ne peuvent rompre ouvertement avec la religion de la majorité des citoyens.

Dans le *zohar* (la lumière), 2ᵉ partie de la *kabbale*, espèce de métaphysique et de théologie traitant de Dieu et de ses attributs, les kabbalistes posent en principe : « qu'il faut renoncer entièrement à comprendre Dieu parce qu'il est en dehors de toutes les formes dont nous nous plaisons à le revêtir. » (Traduction *Franck*.)

En effet, pour définir Dieu il faudrait au moins le connaître ; et personne ne sait le premier mot de son essence.

Dans le temple de *Saïs*, dédié à *néith-*

Isis, déesse égyptienne présidant à l'univers, on lisait l'inscription suivante : « *Je suis tout ce qui a été, tout ce qui est, tout ce qui sera,* et nul mortel n'a encore levé le voile qui me couvre. »

Cette définition est panthéiste.

Tous les peuples primitifs sont panthéistes : ils adorent la nature dans ses manifestations visibles et invisibles qu'ils ont divinisées ; de là le polythéisme.

Les panthéistes ne croient pas en Dieu, parce que les déistes sont dans l'impossibilité d'expliquer Dieu, et que lorsque ceux-ci veulent rendre compte des phénomènes extraordinaires de l'univers, ils se servent d'une cause dont ils ne peuvent apprécier la nature. Pour se tirer d'embarras ils emploient un subterfuge en répondant que la cause première est un *esprit,* c'est-à-dire un inconnu, un être insaisissable, un *x*. Les théologiens ne pouvant le définir, et convaincus de leur impuissance, en ont fait un article de foi pour couper court à toute question pressante qui eût mis à jour la faiblesse de leurs arguments.

Quelles que soient les définitions de *Dieu* que les métaphysiciens, les philosophes, les théologiens, les ministres de toutes les religions nous donnent, elles ne satisfont pas la raison ; elles sont vagues, et surtout laissent à désirer. Pour s'en convaincre, nous ferons voir plus loin comment les philosophes interprètent l'idée de Dieu.

La théologie, malgré ses prétentions, ne peut rien pour nous éclairer sur Dieu, dont l'essence, la nature et les qualités ne sauraient être mises à notre portée. Tous les théologiens ont parlé de Dieu comme les aveugles-nés discutent des couleurs sans les avoir jamais vues. Pauvres théologiens ! que vous discutiez un Dieu incarné une seule fois, ou un Dieu unique se manifestant par trois attributs : la création, *Brahma;* la vie, *Vichnou;* la mort, *Siva;* ou un Dieu répandu dans tous les atomes de l'univers, comme le veulent les panthéistes, vous n'arriverez jamais à dire ce qu'est Dieu. Vous paraphrasez sur des hypothèses, vous donnez cours à votre imagination curieuse, vous groupez des mots à sensation, vous faites assaut d'esprit, vous plaisez aux rhéteurs, vous séduisez les intelligences nerveuses, mystiques, avides d'impressions, mais vous ne prouvez absolument rien, parce que vous ne savez rien de cette puissance infinie que les religions et les philosophes ont traduite par ce mot magique: *Dieu.*

Par conséquent la théologie, qui se pose comme la science des choses divines, ne peut rien nous apprendre de positif. Cependant ses dogmes, quelque obscurs qu'ils soient, sont acceptés par beaucoup d'hommes qui préfèrent croire les yeux fermés que de perdre leur temps à discuter sur des choses incompréhensibles. Il est à remarquer que toutes les théologies sont inintelligibles et ne réussissent à rien prouver, malgré les phrases emphatiques dont elles sont enveloppées. Aussi *Hobbes* a-t-il eu raison d'appeler la théologie « le royaume des ténèbres ». *Voltaire* la considérait « comme le roman de l'esprit ».

Il est évident que les prêtres de toutes les religions et de tous les temps ont eu intérêt à obscurcir les théologies afin de les rendre impénétrables à la discussion, et de les faire accepter comme choses sublimes par le peuple crédule et dupe de ceux qui savent exploiter habilement ses passions, son ignorance, ses faiblesses, et son imagination oblitérée par les superstitions les plus niaises qu'on lui inculque dès le bas âge, et qui l'effraient et le gouvernent une partie de sa vie, si ce n'est même durant son existence entière.

Laissons donc la théologie de côté avec son impuissance à nous convaincre, et reprenons la question de *Dieu* au point de vue philosophique.

Tous les philosophes ont émis une opinion sur *Dieu*, et, ce qu'il y a de particulier, c'est qu'aucune n'est admise sans réserve à cause du vague qu'elle jette dans l'esprit.

Voici comment les principaux auteurs s'expriment sur *Dieu :*

Kapila, philosophe indien, auteur d'un système nommé *Sankhya* (raisonnement), nie l'existence de *Dieu* et considère le monde comme éternel, agissant par lui-même, en vertu d'une force qui lui est inhérente.

Le monde étant éternel, et agissant par lui-même, *Kapila* soutient qu'il n'y a pas de cause première. D'après lui, ce que l'on considère comme une cause n'est qu'un effet par rapport à la cause qui précède, et ainsi de suite en remontant en arrière; de sorte que tout est une suite nécessaire d'effets sans cause première, *parce que le monde existant de toute éternité, n'a pas eu de commencement;* partant pas de cause première.

×

Bouddha présente Dieu comme l'intelligence absolue dans laquelle vont s'éteindre tous les êtres. A leur mort, ceux-ci laissent sur terre leurs corps dont les éléments se séparent pour se confondre avec la nature et concourir à la reproduction d'autres êtres, et dont la vie, la force, l'intelligence retournent à Dieu dont ils sont une émanation. C'est un panthéisme divinisé.

Leucippe (ve siècle avant J.-C.) expliquait tout par les atomes doués d'un mouvement éternel; théorie reprise 2200 ans plus tard par Leibnitz dans sa *Monade*.

Laissons donc la théologie de côté avec son impuissance à nous convaincre, et reprenons la question de *Dieu* au point de vue philosophique.

Tous les philosophes ont émis une opinion sur *Dieu*, et, ce qu'il y a de particulier, c'est qu'aucune n'est admise sans réserve à cause du vague qu'elle jette dans l'esprit.

Voici comment les principaux auteurs s'expriment sur *Dieu :*

Kapila, philosophe indien, auteur d'un système nommé *Sankhya* (raisonnement), nie l'existence de *Dieu* et considère le monde comme éternel, agissant par lui-même, en vertu d'une force qui lui est inhérente.

Le monde étant éternel, et agissant par lui-même, *Kapila* soutient qu'il n'y a pas de cause première. D'après lui, ce que l'on considère comme une cause n'est qu'un effet par rapport à la cause qui précède, et ainsi de suite en remontant en arrière; de sorte que tout est une suite nécessaire d'effets sans cause première, *parce que le monde existant de toute éternité, n'a pas eu de commencement;* partant pas de cause première.

Bouddha présente Dieu comme l'intelligence absolue dans laquelle vont s'éteindre tous les êtres. A leur mort, ceux-ci laissent sur terre leurs corps dont les éléments se séparent pour se confondre avec la nature et concourir à la reproduction d'autres êtres, et dont la vie, la force, l'intelligence retournent à Dieu dont ils sont une émanation. C'est un panthéisme divinisé.

Leucippe (v° siècle avant J.-C.) expliquait tout par les atomes doués d'un mouvement éternel; théorie reprise 2200 ans plus tard par Leibnitz dans sa *Monade.*

Démocrite, de l'école atomistique d'Abdère, admettait que le monde se meut par lui-même éternellement. Il ne reconnaissait pas de causes finales.

Timée de Locres (vᵉ siècle avant J.-C.) définit Dieu « un cercle dont le centre est partout et la circonférence nulle part ». Comme on voit, ce n'est qu'une image poétique qui ne traduit pas l'essence de Dieu, et qui n'affirme même pas son existence, ce n'est qu'une jolie métaphore.

Socrate (vᵉ siècle avant J.-C.) remplace le hasard, ou cette force sans conscience qui, d'après les athées et les panthéistes, produit le monde, « par une intelligence dont le but suprême est le bien ». L'expérience de la vie ne justifie pas cette définition optimiste.

D'après *Aristote* (IV° siècle avant J.-C.), Dieu est différent du monde à tel point qu'il ne le connaît pas. » Cette théorie est inadmissible parce que Dieu ne serait pas parfait, ce qui est contraire à l'idée que les déistes se font de Dieu, qui doit être l'intelligence par excellence et ne rien ignorer. — Aristote annihile Dieu, et le monde, doué d'un mouvement éternel, existe par lui-même ; c'est le panthéisme.

Aristoxène, de l'école d'Aristote, définit Dieu « la puissance de la nature », et prétend expliquer le monde sans l'hypothèse d'un Dieu, comme aujourd'hui Moleschott, Büchner et tant d'autres philosophes naturalistes.

×

L'école d'Alexandrie pose Dieu comme l'unité absolue, mais par opposition à la trinité chrétienne, la trinité alexandrine se décompose ainsi :

Dieu, unité absolue : le bien.

Dieu, intelligence suprême.

Dieu, puissance ou l'âme universelle.

On voit que c'est le monothéisme, un Dieu *unique* se manifestant au monde par *trois attributs :* le bien, l'intelligence et la puissance ; trois qualités compréhensibles, à la portée des faibles humains, et pouvant être expliquées et comprises.

Plus tard les chrétiens, copiant la *trimourti indienne*, en ont fait *trois personnes*, ce qui rend leur trinité inintelligible.

Descartes (xvii° siècle), ne pouvant faire

avancer d'un pas la question de l'existence de Dieu, a eu recours à la théorie des *idées innées*. Il prétend que « par le seul fait qu'il a l'idée de Dieu, Dieu existe ; parce que, suivant lui, il n'y a que Dieu qui ait pu imprimer dans l'esprit de l'homme l'idée d'un Être éternel ». C'était aussi l'opinion de saint Augustin. Cette raison n'est pas concluante. Elle étonne même de la part de Descartes qui, dans son *Discours sur la méthode,* a émis quatre préceptes qu'il recommande de suivre pour bien juger, et dont le premier est : *de ne recevoir jamais aucune chose pour vraie qu'on ne la connût être telle;* c'est-à-dire d'éviter soigneusement la précipitation et la prévention, et de ne comprendre rien de plus en nos jugements que ce qui se présenterait si clairement et si distinctement à notre esprit qu'on n'eût aucune occasion de le mettre en doute.

D'après cette théorie, qui est la base de

la libre pensée, on ne comprend pas que Descartes ait osé dire qu'il suffit d'avoir l'idée d'un être pour qu'il soit.

Nous ferons observer que si l'idée de Dieu était innée ; si Dieu l'avait imprimée dans l'esprit de l'homme, elle serait identique chez tous les peuples ; mais nous venons de voir, et nous verrons plus bas, qu'il n'en est pas ainsi.

Les *kabbalistes* prétendent que Dieu est à la fois la *cause*, la *substance* et la *forme* de tout ce qui est. C'est le panthéisme repris par Spinoza qui, étant juif, a dû s'inspirer de la kabbale.

Pour *Plotin* et ses disciples, comme pour les kabbalistes, Dieu est avant tout *cause immanente* et l'*origine substantielle* des choses.

Spinoza (xvii° siècle) n'admet dans l'univers *qu'une substance qui est de soi et par soi;* elle est infinie, éternelle.

Cette *substance unique, infinie, éternelle* est *Dieu* qui comprend l'étendue et la pensée.

Il appelle *nature naturante* Dieu, parce qu'il est cause déterminante ; et *nature naturée* tout ce qui existe et qui découle nécessairement de la nature divine. Les corps ne sont alors que les modes de cette substance infinie, et les esprits des manifestations de la pensée divine. L'existence des modes tombe dans la *durée*, mais celle de la substance est dans l'éternité.

La philosophie de Spinoza est le développement du panthéisme de *Xénophane* qui, 500 ans avant J.-C., avait posé en principe qu'en dehors de Dieu, qui est tout, il ne peut rien y avoir.

Hobbes ne se prononce pas sur la nature

de Dieu. Il renvoie la question à la théologie.

Locke n'admet pas la preuve cartésienne de l'existence de Dieu basée sur l'idée de l'infini. Le spectacle de la nature lui prouve l'existence de Dieu.

Vacherot, avec *Strauss* et *Hégel*, ne comprend l'infini que dans un sens. « L'infini, dit-il, n'est qu'à la condition d'être tout; s'il n'est tout, il n'est rien. »

Il est à remarquer que presque tous les philosophes qui veulent définir Dieu tombent dans le panthéisme. Saint Augustin y a été entraîné dans sa jeunesse.

V. Cousin n'a pas échappé à cette accusation, sous la Restauration. Il a dû s'en justifier.

×

E. Caro, qui était un spiritualiste convaincu, un habile critique dont on aime à lire les écrits parce qu'ils sont d'une grande clarté et pleins d'érudition, n'est pas plus heureux dans ses affirmations. D'abord il nous paraît trop absolu dans sa manière de penser ; la foi lui a fait repousser tout ce qui ne se range pas sous le drapeau du christianisme ; alors pas de discussions possibles.

Il rejette toutes les définitions de Dieu, données par les philosophes de toutes nuances, et il n'admet que celle de la vieille métaphysique. Pour lui, « Dieu c'est la première cause, l'*Être des êtres*, en y joignant l'attribut qui détermine le mieux son rapport avec le monde, l'intelligence ». Il faut avouer que cette définition ne fait pas connaître Dieu. Dire que c'est une première cause unie à une intelligence, cela ne résout pas le problème.

En effet, que peut être l'*Être des êtres*? Les êtres sont matériels, Dieu l'est-il?

Que peut être une intelligence (répandue sans doute dans l'univers pour être en rapport avec le monde)? Cela respire le panthéisme.

E. Caro prétendait qu'avec sa définition il n'y avait plus d'équivoque possible.

Cependant Dieu reste toujours inconnu dans son essence et dans sa personnalité.

E. Caro ajoute ensuite : « Dieu n'est pas cet être cosmique, substance dont se compose l'univers. » A cette affirmation on peut répondre que, ne connaissant pas Dieu, on est dans l'impossibilité de savoir où il est ; et rien ne nous certifie que Dieu, intelligence, puissance ou force, n'est pas dans tous les phénomènes et dans tous les êtres dont se compose l'univers... Qui le sait?

Flammarion avoue franchement que

nous affirmons l'Être suprême sans le connaître. Nous ne le comprenons pas plus que l'insecte ne comprend le soleil ; nous ne savons ni qui il est, ni par quel mode il agit, ni ce que c'est que sa puissance et son ubiquité. Nous ne savons rien ; disons mieux, nous ne pouvons rien savoir — nous partageons entièrement cette opinion.

Flammarion est panthéiste, quoiqu'il s'en défende. En effet, dans *Dieu dans la nature*, page 22, nous lisons ceci : nous soutenons que Dieu infini est avec le monde, *en chaque atome de l'Univers*. Nous adorons Dieu dans la nature.

Le *cardinal de Cuss*, au xve siècle, a nié qu'on pût connaître Dieu, parce que le fini n'a pas les qualités voulues pour comprendre l'infini, qui ne peut être ni vu, ni saisi.

Auguste Nicolas, dans ses études philosophiques sur le christianisme, fait parler Dieu lui-même, selon la Bible : *Je suis celui qui suis.* (Cela ne signifie rien.)

Il prétend que le christianisme nous a donné la solution du grand problème de la *nature* de Dieu. Et alors il nous pose des phrases creuses et banales comme celles-ci :

« La vérité est ce qui Est.

« L'Être qui est celui qui est est donc la vérité.

« Il est toute sainteté.

« Il est toute justice.

« Il est toute puissance.

« Il est toute bonté, tout amour.

« Il est toute beauté.

« Il est toute félicité.

« C'est ainsi, dit-il, que nous pouvons *pénétrer* dans la *nature* de Dieu et de ses attributs. »

Nous avouons très humblement que toutes ces affirmations ne nous donnent pas la moindre idée de la *nature* de Dieu.

Comment peut-on penser avoir *pénétré* dans la *nature* de Dieu, quand on aura énoncé *quelques attributs* qu'on suppose lui appartenir ! Mais si Dieu est infini, comme on l'annonce, il doit avoir une *infinité d'attributs infinis*.

Le peu qu'on lui accorde ci-dessus comparé à ceux qu'il doit avoir, en raison de sa nature infinie, est aussi infime que l'atome l'est à l'univers sans fin.

Il est certain que Dieu, tel qu'on nous le présente, doit posséder une quantité innombrable d'attributs dont nous ne pouvons avoir aucune idée sur notre planète, et qui nous étonneraient bien si nous arrivions à les découvrir.

Aux attributs énoncés par Auguste Nicolas il y a fort à objecter.

1° Que veut dire : *La vérité est ce qui*

est ? Cela ne précise rien. Ce sont des mots, rien de plus.

2° S'il est *toute puissance*, pourquoi n'avoir pas empêché les animaux nuisibles de naître ?

3° S'il est *tout amour*, on ne peut admettre, comme le prétendent les théologiens, qu'il ait créé un enfer pour y brûler éternellement ses créatures. — Singulier amour paternel !

4° S'il est *toute bonté*, pourquoi laisse-t-il les gouvernements écraser les peuples, les pousser à des guerres fratricides dans des intérêts souvent peu honorables où les populations ont tout à perdre et rien à gagner ?

La Fontaine l'a fort bien exprimé dans la morale de sa fable : *les Deux Taureaux et les Grenouilles :*

> Hélas ! on voit que de tout temps
> Les petits ont pâti des sottises des grands.

Florian a rendu la même pensée dans sa fable : *les Enfants et les Perdreaux :*

Comment donc, petits rois, vos discordes cruelles
Font que tant d'innocents expirent sous vos coups !
De quel droit, s'il vous plaît, dans vos tristes querelles,
    Faut-il que l'on meure pour vous ?

Pourquoi n'avoir pas fait de la terre un lieu de délices pour le bien-être de l'humanité ? Un Dieu *de bonté* aurait dû donner le bonheur à toutes ses créatures ; et nous savons qu'il n'en est pas ainsi.

Pourquoi ce Dieu *de bonté* a-t-il permis l'horrible inquisition, les autodafés, les guerres de religion, les massacres de la Saint-Barthélemy, etc., etc. ?

Pourquoi la traite des nègres par des chrétiens ?

Les quelques attributs énoncés ci-dessus fort gratuitement ne donnent pas une idée de la *nature* de Dieu, malgré les prétentions de l'auteur.

×

Maïmoinde (xii⁰ siècle) était plus prudent, il refusait à Dieu toute espèce d'attributs, donnant pour raison qu'il savait bien ce que Dieu n'est pas, mais qu'il ignorait ce qu'il est.

×

A. Nicolas affirme qu'il suffit d'énoncer l'existence de Dieu sans qu'il soit nécessaire d'établir cette vérité qui est d'instinct, et que c'est à ceux qui ne croient pas en Dieu à prouver qu'il n'existe pas. Voilà une manière assez commode de se tirer d'embarras ; elle dénote l'impuissance des déistes.

Les déistes ayant posé le principe de l'existence de Dieu, il est tout simple qu'on leur demande de le prouver avant d'y croire. A. Nicolas se sert alors d'un argument assez original, il prétend que l'impossibilité où les athées sont de prouver que

Dieu n'est pas prouve son existence ! Que penserait-on d'un président de Cour d'assises qui, ayant devant lui un malheureux, lui dirait tout d'abord : « Vous êtes accusé d'un assassinat ; prouvez que ce n'est pas vous qui en êtes l'auteur, sinon vous êtes coupable. » L'accusé lui répondrait avec raison : C'est au ministère public qui me retient ici à faire la preuve de ma culpabilité, et non à moi de justifier *a priori* de mon innocence. » C'est clair. De même, déistes, prouvez d'une manière irréfutable l'existence de Dieu et vous convaincrez les athées, qui se rendront à l'évidence. Quant à eux, ils n'ont pas à démontrer que Dieu n'existe pas, la question leur est absolument indifférente, puisqu'ils n'y croient pas.

C'est justement parce que *la preuve est impossible* que les théologiens en ont fait un article de foi.

Peu importe, après tout, la définition de Dieu, puisqu'on ne peut pas en vérifier l'exactitude, et qu'elle ne peut rien changer à ce qui est. Contentons-nous de ce que notre intelligence peut comprendre, et ne cherchons pas à vouloir définir ce dont nous ne pouvons avoir aucune idée.

Ce qu'il y a de positif, c'est que les théologiens, les ministres de tous les cultes, ont pris Dieu pour point d'appui dans le ciel et qu'ils se servent habilement du levier de la foi pour remuer le monde à leur profit. Il en sera ainsi tant que l'instruction n'aura pas été répandue largement jusque dans le plus humble hameau.

Travaillons sans relâche, ne nous endormons pas ; nos adversaires se remuent dans l'ombre, comme toujours ; tous les moyens leur sont bons. Redoublons d'énergie, d'activité, afin que le centenaire de 1789 nous trouve dignes de lui.

Rappelons-nous que *Platon*, dans les

lois, demandait *l'instruction pour tout le monde*, et l'éducation des femmes semblable à celle des hommes. Il voulait même qu'elles fussent exercées au maniement des armes pour être en état de défendre les villes en l'absence des citoyens.

L'histoire de France a enregistré des actes d'héroïsme qui font honneur aux femmes. Nous y apprenons que Pauline du Guesclin repoussa les Anglais qui montaient à l'assaut de Pontorson.

En 1470, Jeanne Hachette, à la tête d'un groupe de femmes énergiques, arrêta les Bourguignons qui étaient sur le point d'escalader les remparts de Beauvais, etc., etc.

Aujourd'hui, en présence des nations armées, il importe plus que jamais de donner à nos filles cette éducation virile que Platon réclamait pour elles il y a 2300 ans.

Donnons-leur aussi une instruction sérieuse qui leur permette de bien élever leurs enfants, de les guider dans leurs premières études en développant leur intelligence, et d'être l'ange du foyer pour le père et les enfants; c'est là leur véritable mission, en harmonie avec leur tempérament, et bien supérieure à toute carrière libérale qui les oblige à laisser leur intérieur aux soins d'une servante.

Il appartient au XIX° siècle d'accomplir cette tâche; ce sera, dans l'avenir, son plus beau titre de gloire aux yeux de l'humanité.

L'AME

L'âme est un mot dont les hommes se servent pour masquer leur ignorance en physiologie.
(Voar.)

L'AME

V. Cousin, dans la préface de la deuxième édition de ses *Fragments philosophiques*, établit en principe que la *psychologie est la base de la philosophie*.

Avant de faire de la psychologie la base de la philosophie, il faudrait tout au moins démontrer l'existence de l'âme. Là est la difficulté contre laquelle échouent tous les spiritualistes, dans l'impossibilité où ils sont d'en préciser la nature et le siège, ainsi que nous le verrons. Par contre, l'immortalité de l'âme est niée par tous les philosophes du camp opposé.

En lisant l'histoire de la philosophie on se rend compte de l'embarras où sont les spiritualistes de donner rien de positif à ce sujet. Dire que l'âme est un principe simple, immatériel, impérissable, cause de la vie, de l'intelligence et de la volonté de l'homme, ce n'est pas en prouver l'existence. On a fait sur ce thème de belles théories qui séduisent l'imagination, on a développé de charmantes considérations sans arriver à quelque chose d'irréfutable. Le but de toutes ces théories était évidemment de chercher à séparer l'homme des autres êtres de la création pour en faire un sujet à part et pouvoir le dominer. Telle a été la tactique du clergé de toutes les religions, aidé du pouvoir séculier dont il a trop souvent disposé jusqu'au commencement du xviiie siècle.

Avec cette doctrine de l'âme immortelle, l'homme, dans ses actions journalières, semble continuellement en révolte contre les lois divines au point de vue des spiritualistes ; mais, si l'on rejette la croyance à l'immortalité de l'âme, qui n'est qu'une simple *hypothèse* sur laquelle personne n'a rien d'affirmatif, alors l'homme apparaît doué d'une intelligence en rapport avec ses besoins, et qui se développe selon les nécessités physiques et sociales. L'homme a naturellement les vices inhérents à son tempérament, qu'il tient de ses parents, et il satisfait ses passions, conséquences inévitables de son organisation qu'elle soit lymphatique, sanguine ou nerveuse, comme font tous les animaux.

Quand on voit la peine que les spiritualistes se donnent pour prouver l'existence de l'âme, et surtout pour lui attribuer certains actes à l'exclusion d'autres, on se demande si la croyance à l'âme n'est pas simplement un produit de l'imagination. Une fois l'âme admise par bon nombre de philosophes et réfutée par beaucoup d'autres, on s'est appliqué à rapporter à l'âme certaines actions, ou à les lui contester. Et avec de l'esprit on a fini par élaborer des systèmes érudits qui font honneur à leurs auteurs, mais qui, malgré l'affirmative d'une part ou la négative de l'autre, ne détruisent pas le doute, parce que dans les deux camps il n'y a aucune doctrine qui explique les phénomènes de l'âme d'une manière satisfaisante.

L'âme n'est qu'un *mot* créé pour les besoins d'une philosophie et d'une théologie.

Il est plus que probable que c'est le mythe de la décadence de l'homme, cette légende des premiers âges de l'humanité, aidé de la vie contemplative des anciens peuples pasteurs et augmenté de la superstition de tous les siècles, qui a fait croire à la vie future, croyance qui a souri à l'homme, qui voudrait être immortel comme les dieux. De là forcément la nécessité d'une âme immortelle.

X

Les spiritualistes prétendent que notre intelligence, nos pensées, sont un produit de l'âme et ne peuvent provenir du cerveau. D'après ce principe, les animaux, auxquels tout le monde reconnaît une intelligence, doivent avoir une âme. Je ne parle pas de cette intelligence instinctive commune aux animaux et aux hommes, mais bien de cette intelligence dont les animaux font usage quand ils sont aux prises avec les difficultés de la vie, et qui se manifeste chez les oiseaux dans leurs migrations où les stations estivales et hivernales sont toujours judicieusement choisies, en rapport avec leur tempérament et les ressources du pays.

Tout le monde a remarqué que les oiseaux migrateurs commencent à se réunir un peu avant leur départ et semblent se concerter en vue du prochain voyage ; et un beau matin tous ont disparu. Pour qu'il en soit ainsi, il faut qu'il y ait eu décision prise en conseil, ce qui dénote intelligence et raisonnement.

L'intelligence, étant répartie dans les êtres animés proportionnellement à leurs besoins et aux actes qu'ils doivent accomplir, ne peut pas être donnée comme preuve de l'existence de l'âme.

Platon attribuait la raison aux animaux.

Les spiritualistes déclarent que la pensée, étant immatérielle, ne saurait être sécrétée par le cerveau.

Quant à affirmer que le cerveau ne sécrète pas la pensée, c'est aller trop loin : nul ne le sait, nous ne connaissons pas toutes les propriétés de la matière, ni sa nature. Dieu, à qui les spiritualistes accordent la toute-puissance, ne peut-il pas avoir donné au cerveau les qualités voulues pour produire la pensée ? Qu'en sait-on ? Les opinions sont partagées. On peut avouer qu'on ne comprend pas que la matière engendre l'esprit, mais rien ne s'oppose à ce que ce phénomène ait lieu par des lois qui nous sont inconnues. En physiologie, en chimie, nous sommes loin de tout savoir, et nous ne saurons jamais tout.

Qu'y a-t-il d'impossible à ce que le cerveau sécrète la pensée ? Ne voyons-nous pas une machine électrique mise en mouvement produire de l'électricité, qui est immatérielle ? L'électricité developpe de la lumière, de la chaleur, qui ne sont point des choses matérielles.

L'action de l'aimant sur l'aiguille de la boussole est-elle matérielle ? Non, c'est une force occulte dont nous voyons les effets, mais dont nous ne pouvons pas déterminer la nature.

L'attraction, qui est la base de notre système planétaire et de l'univers entier, n'est pas matérielle; c'est une propriété de la matière qui agit à distance en *raison directe des masses, et en raison inverse du carré des distances.*

Cette loi de *la gravitation universelle*, découverte par *Newton*, est reconnue exacte par tous les astronomes qui en apprécient journellement les phénomènes, sans pouvoir spécifier quelle en est l'essence.

Il ne faut jamais oublier que les *mots* qui désignent des phénomènes n'ont été créés que pour s'entendre sur un sujet en question, mais qu'ils laissent toujours en dehors la détermination de *l'essence* du *noumène* qui les produit.

En psychologie, on peut causer, discuter, émettre des théories, mais non affirmer, parce qu'il suffit de jeter les yeux sur tous les systèmes pour constater que les opinions ont varié suivant les temps, les mœurs, les pays, l'instruction, et que toutes ont été successivement en faveur, puis détrônées par d'autres.

Le point de vue sous lequel on envisage une question est pour beaucoup dans la solution à intervenir.

×

De ce que les matérialistes ne peuvent pas prouver que le cerveau sécrète la pensée, les spiritualistes en concluent aussitôt que c'est l'âme qui en est la cause. Avant de décider que c'est l'âme, il faudrait mettre son existence en évidence.

Flammarion, dans *Dieu dans la nature*, demande aux matérialistes de préciser la partie du cerveau qui engendre la pensée. Ils peuvent répondre que cela leur est aussi difficile qu'aux spiritualistes d'indiquer la place occupée par l'âme.

On sait que ce n'est qu'une opinion philosophique, une hypothèse dont toutes les religions se sont emparées pour terrifier l'humanité et la gouverner.

Avec les théologiens, il n'y a pas à discuter sur l'âme. Ils sont forcés de rester dans un cercle dogmatique qu'il leur est interdit de franchir ; par conséquent, ils ne se rendent jamais, quelque lumineuses que soient les théories qui leur sont opposées. Ils sont forts pour ergoter sur un mot mal placé, sur une expression mal assise, et, quand ils se sentent vaincus, ils appellent athée leur antagoniste, le qualifient d'impie, de révolutionnaire, d'ennemi de la famille, etc., grands mots qui constatent leur impuissance et ne résolvent pas le problème.

Les philosophes spiritualistes se préoccupent trop, dans leurs études, de savoir ce que deviendrait l'âme si l'on parvenait à expliquer la vie sans elle. On tient à lui faire sa part. C'est une nécessité pour le clergé qui vit du culte, et c'est un élément politique pour les gouvernements qui profitent de la superstition des peuples.

Si, depuis notre plus tendre enfance, notre mère, les ministres du culte, nos professeurs ne nous avaient pas continuellement entretenus de l'âme, de son immortalité, de la vie future, nous eussions vécu comme les Hébreux au temps de Moïse, qui ne reconnaissaient que Jéhova, le Dieu terrible, jaloux, et qui ne l'adoraient qu'en vue d'obtenir des pluies abondantes et des récoltes pour satisfaire leurs besoins matériels. Ce peuple sémitique a toujours été pour le positif, et il n'a pas changé que nous sachions.

Si l'âme est immortelle et d'essence divine, ainsi que l'enseigne le spiritualisme, comment se fait-il que l'homme ne soit pas parfait? Comment les spiritualistes expliquent-ils cette tendance au mal qui tourmente l'homme qu'ils présentent comme doué d'une âme, essence d'un Dieu de bonté ?

Comment se fait-il que, malgré les tribunaux, les juges de paix, la police, les gendarmes, les prisons et le bourreau, l'homme soit rebelle à la vertu et aux destinées futures prêchées par le spiritualisme avec menaces de peines éternelles ? Les spiritualistes et les théologiens, en présence du peu de succès de leurs théories, tonnent contre l'humanité et prétendent qu'elle se dégrade de plus en plus, et que nous marchons à un cataclysme.

Renvoyons tous ces pessimistes à la Bible, et demandons-leur si les Hébreux, peuple choisi de Dieu, suivant Moïse, étaient plus purs que les hommes de notre époque. Moïse ne fut-il pas obligé de prescrire la *peine de mort contre ceux* qui *forniqueraient avec des bêtes ?* (Deutéronome, chap. 27.)

Rappelons en passant *Sodome* et *Gomorrhe !* et les mœurs intimes des Grecs et des Romains, il y quinze à vingt siècles, et mettons-leur sous les yeux le 7° canon du Concile de Tours, en 1139, qui défend aux *Clercs* ou *Ecclésiastiques* d'avoir des servantes dans leurs maisons, et aux bénéficiers ou clercs de rien laisser par testament à *leurs bâtards* ou à *leurs concubines*.

La vérité est que l'humanité n'a plus confiance dans ces doctrines qui ont fait leur temps, et dont le peuple se soucie fort peu.

Aujourd'hui chacun veut se servir de sa raison et non se soumettre en aveugle aux choses qu'il ne comprend pas.

Si, au contraire, nous n'admettons pas la croyance à l'immortalité de l'âme, tout change d'aspect. Au lieu d'avoir en l'homme un être à l'image de Dieu, comme le veulent les spiritualistes et les théologiens, nous ne voyons plus en lui qu'une créature de l'ordre des mammifères, qui a débuté dans la vie comme tous les animaux, et qui a vécu, dès le principe, comme beaucoup de peuplades de l'Afrique vivent aujourd'hui.

L'homme, considéré comme un animal situé au plus haut degré de l'échelle de la création, doué d'une intelligence en rapport avec ses besoins et qui se développe selon les nécessités sociales, est le plus parfait des êtres parce qu'il est venu le dernier et qu'il est la résultante de toutes les forces vives de la nature. L'homme alors n'apparaît plus comme un ange déchu ayant besoin d'un rédempteur; il devient, au contraire, un animal très intelligent, qui a les vices inhérents à sa nature animale, et qui est soumis à ses passions, conséquences forcées de sa constitution.

Il n'y a donc rien de surprenant de rencontrer des hommes intraitables, irascibles, vicieux, et à côté d'eux des êtres parfaits, doux, pleins de bonnes qualités. Ne voyons-nous pas les mêmes faits se produire chez tous les animaux ? C'est une question de tempérament.

Si l'on prend l'homme tel qu'il est, un mammifère d'un ordre supérieur, il peut être considéré comme un être raisonnable qui, depuis les temps les plus anciens, depuis qu'il est mention de lui dans l'histoire, n'a fait que progresser à chaque génération, pour devenir de jour en jour meilleur, et il le deviendra de plus en plus, si les gens intéressés à obscurcir son intelligence ne lui voilent la lumière.

Ce qui a donné naissance à la croyance à l'âme, c'est que l'examen des actions de l'homme semble démontrer qu'il réunit en lui deux natures très souvent en opposition ; de là est venue peut-être la théorie des deux principes du bien et du mal, Ormuzd (le bien) et Ahriman (le mal) chez les Perses de la religion de Zoroastre.

Cette théorie, remise en lumière par Manès au III° siècle de notre ère, donna le jour à la secte des Manichéens qui, au VI° siècle, fut atrocement persécutée par l'impératrice Théodora, femme de Justinien Ier, empereur d'Orient. Cette ancienne danseuse et courtisane voulut racheter un passé de débauche par un faux zèle religieux. Le manichéisme s'éteignit au milieu du IX° siècle.

En dépit des condamnations de plusieurs conciles, *ces deux principes* existent dans le christianisme ; ils se nomment : *Dieu* et le *Diable*. Ils ont servi de base au mythe de la création d'Adam et d'Ève par le *bon* principe, *Dieu ;* et à leur chute causée par le *mauvais* principe, le *Démon*.

On les retrouve, du reste, dans toutes les religions des anciens peuples : Égyptiens,

Chaldéens, Hébreux, Scandinaves, Indiens, Chinois, Japonais, etc.

Les spiritualistes ont cru voir dans cette double nature apparente de l'homme une preuve de l'existence de l'âme ; de là deux actions, l'une corporelle, l'autre spirituelle.

Ce qui est certain, c'est qu'il y a dans l'homme, selon la physiologie, deux mobiles, bien distincts : le *cerveau* et le *cœur*.

Le *cerveau* est le siège de l'intelligence ; celle-ci est d'autant plus grande que le cerveau est plus parfait ; mais c'est aussi celle qui fait faire le plus de sottises aux hommes, suivant que l'imagination, cette folle du logis, est plus ou moins ardente.

Le *cœur* est le siège des sentiments. Ceux-ci sont le résultat de notre organisation physique combinée avec notre instruction, et surtout avec notre éducation première. Ces deux éléments modifient un peu ce qu'il y a de rebelle dans nos sentiments, mais ceux-ci étant la conséquence de notre système sanguin ou nerveux, il s'ensuit que souvent, malgré notre volonté, notre nature bonne ou mauvaise, et plutôt la mauvaise, reprend le dessus ; ce qui a fait dire à *Destouches :*

Chassez le naturel, il revient au galop.

Si les qualités du cœur sont belles, grandes, nobles chez un homme, on dit généralement qu'il a une belle âme.

Si, au contraire, il a de mauvais instincts, on dit qu'il a une vilaine âme, l'âme noire, etc.

L'âme n'est donc qu'un *mot de convention* choisi pour désigner la quintessence des sentiments du cœur mitigés par l'éducation.

Tous les spiritualistes qui veulent recommander leurs systèmes citent à l'appui le *Phédon de Socrate* comme prouvant l'immortalité de l'âme ; c'est une erreur qui s'est propagée à tort jusqu'à nous. En effet, voici le raisonnement de Socrate :

Il prétend, dès le début, que *les idées sont innées* (ce qu'il faudrait démontrer, ce qui est impossible). Il soutient que « les idées sont innées parce que l'âme existait avant de se joindre au corps ». (Qu'en sait-il ? simple supposition.)

Il continue ensuite : « l'âme existant avant le corps, elle existera après la mort du corps » ; de là ses raisons de croire à son immortalité. Toute cette argumentation est basée sur la théorie des *idées innées*, reprise plus tard par Descartes et que Leibnitz a réduite à néant.

Simmias, un des auditeurs de Socrate, n'est pas convaincu de la démonstration et lui répond que l'idée qu'on se fait ordinairement de l'âme est à peu près celle-ci :

8.

« notre corps étant composé et tenu en équilibre par le chaud, le froid, le sec et l'humide, notre âme est le rapport de ces principes entre eux, et l'harmonie qui résulte de l'exactitude et de la justesse de leur combinaison. L'harmonie d'une lyre est aussi quelque chose d'invisible, d'incorporel, de très beau et de très divin ; mais quand les cordes sont rompues et le bois réduit en poussière, peut-on dire que l'harmonie existe quelque part ? De même, si notre âme n'est qu'une harmonie, ne doit-elle pas s'évanouir quand notre corps se dissout ? » (Traduction de Schwalbé).

Il nous semble que Simmias est dans le vrai, car l'âme n'est autre chose que l'intelligence qui se développe avec la vie, l'éducation et l'instruction, et ne s'affirme qu'après l'entier développement de la nature de l'homme. Nous remarquons aussi que lorsque l'homme vieillit et s'affaiblit, son intelligence diminue sensiblement et va même quelquefois jusqu'à disparaître entièrement avant sa mort ; c'est ce qui se voit quand les vieillards sont dans l'enfance. Donc, il nous paraît incontestable que ce que l'on appelle l'âme n'est que la résultante de toutes nos facultés.

Tous les raisonnements de Socrate étant basés sur la métempsychose ne peuvent soutenir l'immortalité de l'âme, puisque ce système philosophique n'est plus admissible.

Saint Augustin repousse aussi les idées innées en affirmant, au chapitre VIII du livre X de ses *Confessions*, « que le nombre infini des images qui sont dans la mémoire y sont entrées par les sens. C'est là, dit-il, que nous conservons toutes nos pensées, en y ajoutant ou diminuant, ou changeant quelque chose de ce que nous avons connu par les sens. C'est de là que nous tirons toutes les idées que nous désirons évoquer. »

Voltaire, avec son esprit mordant, a réfuté finement les idées innées dans son roman *Micromégas*. Il met en présence un habitant de Sirius et un cartésien. Celui-ci prend la parole en ces termes : « L'âme est un pur esprit qui a reçu dans le ventre de sa mère toutes les idées métaphysiques, et qui, en sortant de là, est obligée d'aller à l'école et d'apprendre de nouveau ce qu'elle a si bien su, et qu'elle ne saura plus.

— Ce n'était pas la peine, répond le Sirien, que ton âme fût si savante dans le ventre de ta mère, pour être si ignorante quand tu auras de la barbe au menton. »

Voici ce que les principaux philosophes pensent de l'âme :

Orphée. — Dans les hymnes d'Orphée qui vivait, dit-on, au xiv° siècle avant Jésus-Christ, cent ans avant la guerre de Troie, nous trouvons des invocations aux dieux pour éloigner les fièvres dangereuses, les pestes, toute maladie. On y voit aussi des invocations pour obtenir des pluies fertiles, une nourriture répondant aux désirs des hommes, l'abondance de tous les biens, une santé parfaite, vieillesse et fin heureuses. Il n'est pas question de l'immortalité de l'âme à laquelle personne ne songeait. Les prêtres d'Orphée ne demandaient que des faveurs terrestres ; ils étaient pour le *positif*, comme tous les clergés. Moïse, dans le *Lévitique*, n'avait-il pas donné les plus grands détails pour que les lévites fussent bien nourris aux dépens des douze tribus ?

×

Anacréon, à la fin du vi° siècle avant Jésus-Christ, n'avait pas idée d'une âme ; il chantait l'amour, le vin et les fleurs. Et, en effet, que faire de mieux quand on vit sous un ciel baigné de lumière et de chaleur, au milieu des fleurs aux parfums exquis, entouré de femmes charmantes, aux plantureux appas, aux yeux fascinateurs dont les regards chauds inspirent des désirs ardents, et nous convient aux plus suaves jouissances ?

L'amour, c'est la vie selon les lois inéluctables de la nature. Le vin, c'est la gaieté donnée à l'homme pour lui faire oublier les soucis de l'existence.

Pour bien comprendre les odes d'Anacréon, né en Ionie, pays des violettes, il faut avoir habité ces pays aux températures élevées, aux végétations luxuriantes, où le *dolce far niente* s'impose forcément comme un besoin irrésistible. Dans cette langoureuse paresse l'imagination travaille, les sens sont surexcités, les femmes aux allures lascives paraissent plus séduisantes, plus aimantes; l'amour survient qui calme nos passions, et le vin, en relevant nos forces, nous plonge dans un sommeil bienfaisant et réparateur.

Les *Grecs* ne croyaient pas à l'immortalité de l'âme, mais les poètes, avec leur imagination féconde, avaient inventé les enfers. Là, il y avait un lieu nommé *Tartare* où se rendaient les ombres des méchants, et un autre lieu désigné sous le nom de *Champs-Élysées* où étaient reçues les ombres de ceux qui avaient honnêtement vécu.

L'entrée du Tartare était, selon les poètes grecs, à Achéruse, caverne sur le rivage du Pont-Euxin qui communiquait aux enfers, disait-on.

On lit dans le Dictionnaire d'histoire et de géographie de *Bouillet*, à l'article *Achérusia*, que ce nom était donné :

« 1° A des marais formés sur le bord de l'*Achéron*, rivière d'Épire.

« 2° A un lac d'Égypte, au sud de Memphis. »

Dans une île de ce lac était une nécropole où les morts n'étaient admis qu'après des formalités qui simulaient une épreuve judiciaire. De là ces fables sur les jugements rendus aux enfers, sur les fleuves infernaux, sur le nautonnier *Charon*, qui n'est que l'Achéron personnifié ; fables qui toutes sont d'origine égyptienne.

La religion de *Brahma* est panthéiste. Brahma, c'est l'univers. Il n'y a donc ici ni Dieu, ni âme.

L'univers sort de Brahma et y rentre, comme l'araignée tire d'elle et retire en elle son fil, comme les plantes sortent de la nature et y retournent.

Chez les Indiens, l'âme individuelle émane

de l'âme suprême. On l'assimile aux étincelles qui ne font que paraître pour s'anéantir aussitôt.

Kapila dit que l'âme, ou l'intelligence, vient de la matière et qu'elle en est l'ouvrage. Plusieurs disciples de Kapila admettent que les fonctions vitales constituent l'âme.

Le *Bouddhisme*, qui a succédé au Brahmanisme, est également panthéiste. Ce système philosophique n'a qu'un but : délivrer l'homme des maux qui l'affligent. Il y arrive en détachant l'homme de tout et en le rendant insensible à quoi que ce soit. A la mort de l'homme, le principe vital, l'âme, va se perdre dans le *grand tout*.

L'ecole *ionienne*, dont *Thalès de Milet* fut le fondateur, était panthéiste et ne reconnaissait pas l'âme.

×

Selon *Pythagore* (iv° siècle avant J.-C.), l'âme est un nombre qui se meut lui-même. Ce nombre a pour racine l'unité qui est Dieu, le bien suprême. Comme tout est mathématique dans la Psychologie de Pythagore, il s'ensuit que les nombres ou la diversité, qui représentent le mal, doivent, pour aller à la perfection, au bien, se réduire à l'unité qui est Dieu. Tout cela n'est qu'une fantaisie mathématique qui n'a rien de probant. Dans cette philosophie Dieu et l'âme sont incompréhensibles.

Pour *Empédocle*, élève de Pythagore, l'âme est un composé d'éléments, et non un nombre, comme le voulait son maître.

Aristote (iv° siècle avant J.-C.) a défini l'âme une puissance cachée qui donne la vie : il la nomme *Entéléchie ;* il la considère aussi comme la forme du corps organisé.

A ce sujet, *V. Cousin* nous prévient qu'il ne s'agit pas là de l'âme au sens moderne, mais de la *Psuké* antique, notre principe vital ; que, dans l'homme comme dans l'animal et dans les plantes, le principe de vie et d'organisation est à la fois distinct et inséparable des organes. Mais, ajoute-t-il, Aristote met au-dessus de la *Psuké* le *Noûs,* l'esprit, l'intelligence, l'âme des modernes et des chrétiens, principe qui est uni à la *Psuké* sans en dépendre, et ce principe il le déclare immortel et divin.

Pour nous, ce n'est évidemment là qu'une opinion personnelle. Reste à savoir si l'intelligence, le *Noûs,* est autre chose que l'âme des anciens, la *Psuké* qu'Aristote dit périssable comme les organes de l'homme, des animaux et des plantes ; ce qui fait qu'on ne doit accepter la théorie de

V. Cousin que sous bénéfice d'inventaire.

Dicéarque, un des disciples d'Aristote, nie l'existence de l'âme, prétend que la matière a la faculté de sentir, et que l'âme n'est que la vie répandue dans tout le corps.

Moschus, poète syracusain, s'exprime ainsi dans une épitaphe qu'il fit pour son ami Bion, dont il avait été le disciple :

« Nous, que nous soyons grands, vaillants ou sages, une fois morts, nous dormons, oubliés dans le sein de la terre, un sommeil sans terme et qui n'a pas de réveil. »

Il ne croyait pas à l'immortalité de l'âme.

Épicure (iv° siècle avant J.-C.) ne croyait pas à l'immortalité de l'âme.

Pyrrhon (iii° siècle avant J.-C.) prétendait qu'il n'y a rien de certain ; qu'une proposition peut toujours être combattue par une autre aussi probable.

Cette manière d'envisager les choses a servi de base à la doctrine de la probabilité des jésuites.

Lucrèce (un siècle avant J.-C.) pensait que l'esprit et l'âme sont inséparables et font une même substance corporelle.

Sénèque dit : « La mort est le dénoûment, la fin de toutes les douleurs ; elle nous remet dans le calme profond où nous reposions avant de naître.

« La mort n'est ni un bien ni un mal. Pour qu'une chose soit l'un ou l'autre, il faut qu'elle existe d'une manière quelconque ; mais ce qui n'est en soi que néant, ce en quoi tout s'anéantit, ne crée pour nous ni heur ni malheur. »

Averroès (philosophe arabe du xii⁰ siècle)

9.

enseigna une intelligence universelle, immortelle, mais il croyait les âmes des hommes périssables.

Duns Scot (xiiiᵉ siècle) affirme que l'immortalité de l'âme ne peut être démontrée. La foi seule peut y faire croire.

Occam (xiiiᵉ siècle) soutenait qu'on ne peut pas connaître la substance de l'âme; et comme il est impossible de prouver qu'elle est immatérielle, on ne peut pas certifier qu'elle est immortelle.

Montaigne (xvᵉ siècle) a repris la philosophie de Pyrrhon. Il doutait de tout ; sa devise était : « Que sais-je ? »

Bacon (xviᵉ et xviiᵉ siècle) était plutôt phy-

sicien que philosophe. C'est lui qui a dit :
« Quand l'esprit humain se tourne sur lui-même, il est comme l'araignée filant sa toile ; il n'enfante que de subtiles doctrines, admirables sans doute par la délicatesse de leurs aperçus, mais sans solidité et de nul usage. »

Helvétius, au siècle dernier, supposait que « ce fut l'amour qui, pour flatter la douleur d'une veuve éplorée par la mort de son jeune époux, lui exposa le système de l'immortalité de l'âme. » Il n'admettait de différence entre l'homme et l'animal que celle qui résulte de leurs organes.

Dans *les Nuits d'Young* on lit : « Les hommes vivent comme s'ils ne devaient jamais mourir. »

Il en est ainsi, parce que les hommes ne

croient pas à l'immortalité de l'âme, autrement ils seraient plus réservés dans les différentes phases de leur existence, plus humains envers leurs semblables, et ils songeraient un peu plus souvent à la vie éternelle qu'on leur annonce, sans preuves il est vrai ; de là sans doute leur indifférence.

Young, dans ses lamentations contre l'idée de l'anéantissement complet de l'homme sans espoir d'immortalité, s'écrie : « Pourquoi toute la race humaine est-elle condamnée à la destruction ? pourquoi cet arrêt foudroyant contre notre seule espèce ? » Quand Young dit : *contre notre seule espèce*, il oublie, dans son désespoir, que tout meurt, tout se transforme dans la nature, l'espèce humaine comme toutes les autres ; rien ne s'anéantit. Animaux, végétaux, et minéraux, tout se décompose, s'émiette, pour reproduire des êtres nouveaux sous d'autres combinaisons. Rien n'est stationnaire, le mouvement est dans tout, comme la vie. Tout se meut dans l'univers, rien n'est immobile, *excepté le temps et l'espace*, parce que *le temps est éternel et l'espace infini.*

Plotin, philosophe de l'école d'Alexandrie, admet que tous les êtres de la nature ont une âme ; c'est-à-dire une intelligence plus ou moins développée, selon les besoins de leur organisation.

Montaigne, dans le douzième chapitre du livre second de ses *Essais*, accorde une âme aux chiens. Cette opinion est aujourd'hui acceptée par quelques philosophes qui donnent une âme à tous les animaux. C'est peut-être une manière indirecte d'avouer qu'il n'y a pas d'âme, et que la vie, à tous les échelons de la création animale, n'est que la résultante des forces diverses qui produisent par leur concours des êtres différents.

Figuier, dans son livre *le Lendemain de la mort*, donne une âme à tous les animaux.

Pascal, dans ses *Pensées*, prétend que « l'immortalité de l'âme est une chose qui nous importe si fort, qui nous touche si profondément, qu'il faut avoir perdu tout sentiment pour être dans l'indifférence de savoir ce qui en est ».

Pascal s'exprime comme un spiritualiste ardent; mais pour celui qui ne croit pas à l'âme dont l'existence divise les plus éminents philosophes, que lui importe la question de l'immortalité, puisque personne ne sait ce qui en est.

Pascal ne peut pas comprendre l'indifférence des hommes en pareille matière. Cette négligence, selon lui, dans une affaire où il s'agit d'eux-mêmes, de leur éternité, de leur tout, l'irrite plus qu'elle ne l'attendrit ; elle l'étonne et l'épouvante ; ce sont des monstres pour lui.

Voilà bien l'expression d'un fanatique. Dès qu'on ne pense pas comme lui on est *un monstre!*

Il faut pardonner à Pascal cette sortie déplacée ; il était très malade quand il écrivit ses *Pensées*. L'auteur des *Lettres provinciales* avait bien changé !

A la suite de ses *Pensées*, je trouve une note qui combat victorieusement ce cri indigné de Pascal, et que je recommande tout particulièrement au lecteur, la voici :

« Sans doute, il est absurde de ne pas employer son temps à la recherche d'une chose qu'on peut connaître, et dont la connaissance nous est d'une importance infinie; mais un homme qui serait persuadé que cette connaissance est impossible à acquérir, que l'esprit humain n'a aucun moyen d'y parvenir, peut sans folie demeurer dans le doute ; il peut y demeurer tranquille, s'il croit qu'un Dieu juste n'a pu faire dépendre l'état futur des hommes de connaissances auxquelles leur esprit ne saurait atteindre. »

Après la deuxième paragraphe de l'article 3 des *Pensées* de Pascal, on trouve, dans une discussion entre un philosophe incrédule et un spiritualiste, la réflexion suivante qui a sa place ici :

« Il peut y avoir des gens qui ont poussé la philosophie jusqu'au point de vivre dans une parfaite tranquillité dans ce monde, sans aucune préoccupation d'une vie à venir, et même avec une ferme persuasion du contraire. Ils vous diront qu'il y aurait de la folie à sortir de cet état d'une parfaite tranquillité, dans laquelle consiste le souverain bonheur en ce monde, pour rentrer dans un autre plein de doutes, de crainte et d'incertitude. Ils vous affirmeront qu'ils sont parvenus à cet état de tranquillité par le seul secours de la philosophie et de la raison dépouillée des préjugés de l'éducation et de l'autorité. »

Nous partageons entièrement cette manière d'envisager la question.

Malebranche (xvi⁰ et xvii⁰ siècle) est pour l'immortalité de l'âme, mais il l'annihile en posant en principe que nous voyons tout en Dieu, que notre volonté et notre intelligence ne peuvent rien par elles-mêmes, que *Dieu est le principe des actes de notre volonté*, que *Dieu seul agit en nous;* de là point de libre arbitre, une âme irresponsable, autant dire qu'elle n'existe pas.

Hobbes (xvi⁰ siècle) était matérialiste. Il

renvoie à la théologie toute recherche sur l'essence et les attributs de Dieu et de l'âme ; c'était un bon moyen pour ne pas se compromettre aux yeux des théologiens de cette époque.

Locke, mort en 1704, est le père de l'école sensualiste du xviii° siècle. Il rejette les idées innées admises par Descartes.

La sensation, d'après lui, est la source de toutes nos idées, et la réflexion complète nos impressions reçues des sensations. Sa formule est *qu'il n'y a rien dans l'intelligence qui n'y soit venu par les sens;* opinion émise par saint Augustin douze siècles auparavant, et que Démocrite avait exprimée au v° siècle avant Jésus-Christ.

Locke était assez disposé à croire que Dieu a pu donner à quelques parties matérielles la faculté d'apercevoir et de penser. Quoiqu'il n'émette qu'un doute, on peut supposer qu'il ne croyait pas à l'immortalité de l'âme. Ce doute de Locke révolte V. Cousin, qui va jusqu'à prétendre que *Dieu ne peut pas faire que la matière pense*. C'est là une affirmation impardonnable de la part d'un philosophe spiritualiste. Quel est le théologien qui oserait assurer qu'il sait ce dont Dieu est incapable? Qui peut avoir la prétention de mettre des bornes à la puissance de Dieu quand on ne connaît pas Dieu, et qu'on ignore l'essence même de la matière?

Leibnitz (xvii° et xviii° siècle) attribue à la matière une *force* comme principe de l'organisation des corps; c'est ce qu'il appelle une *monade*. Il va même jusqu'à certifier que la force est l'essence de la matière.

La *monade* est « une substance simple, indivisible, capable d'agir et de percevoir ».

Cette définition est celle que Platon a employée pour l'âme.

L'âme, dans ce système, « est une monade ayant conscience d'elle-même ». Mais rien ne certifie l'existence de la monade. Or, *âme, entéléchie, monade* ou *principe vital,* peu importe le nom ; et si l'on n'en prouve pas l'existence, le doute est au moins permis.

Si l'on va au fond des principes posés par Aristote et Leibnitz, on acquiert la conviction que la *monade*, comme *l'entéléchie*, n'est que la *force* qui tient la matière en mouvement et lui est inhérente. C'est aujourd'hui l'opinion de Moleschott, de Büchner, et de bien d'autres philosophes. Beaucoup de chimistes partagent cette opinion.

D'après *Condillac*, « l'âme est une collection de sensations plus ou moins généralisées et transformées ». L'âme n'est alors que la quintessence des sensations élaborées par l'intelligence ; par conséquent, elle s'éteint avec les sens.

Kant (xviiie siècle). Pour Kant, le phénomène est une vérité incontestable. Quant au *noumène*, qui est le principe du phénomène, il nie qu'on puisse en rien connaître. — C'est vrai. — Il n'admet rien de connu qui ne soit donné directement par l'expérience. Ainsi, selon lui, Dieu, l'âme, l'univers, n'ont aucune certitude objective, et ne sont que des sujets relevant de la foi. Il ne nie pas qu'il ne puisse y avoir quelque chose qu'il appelle x, mais qui pourrait bien n'être que zéro.

Tous les êtres que nous pouvons connaître se réduisent à des phénomènes qui seuls sont appréciables. — Nous voilà bien près du panthéisme.

Il est certain que l'âme, son immortalité

et la vie future n'ont jamais pu être démontrées, ne le seront jamais, et qu'on doit les considérer comme le produit d'imaginations mystiques, avides de chimères.

Mérian (de l'Académie de Berlin en 1793) prétendait que toute essence nous est inconnue.

Reid (de l'école écossaise) avait dit aussi, avant Mérian, que les notions de substance et de cause résistent à toute analyse.

Hégel part de ce principe que tout ce qui est rationnel est réel, et tout ce qui est réel est rationnel.

Sa philosophie conduit au panthéisme.

Mahomet. — Un jour, quelqu'un posait

à Mahomet cette question : « Qu'est-ce que l'âme? » Mahomet répondit sagement : « L'âme est une chose dont la connaissance est réservée à Dieu. » C'est la réponse la plus sensée, attendu que personne ne peut savoir ce qu'est une chose qu'il n'a point vue, dont beaucoup doutent, que d'autres nient, et qui n'est qu'une hypothèse servant à expliquer des phénomènes que les spiritualistes lui attribuent, et que les physiologistes rapportent à nos organes.

Auguste Comte n'aperçoit dans l'âme que l'ensemble des facultés morales, intellectuelles et pratiques qui caractérisent l'homme.

Quant à son immortalité, il ne la voit que dans *la perpétuité de sa mémoire subordonnée à l'importance des services qu'il a rendus à l'humanité, et à la grandeur des impressions qu'il a laissées après lui.*

Ainsi, *la vie objective* ou *corporelle* d'Homère, d'Aristote, de Thémistocle, de Scipion, de César, de saint Paul, de saint Bernard, de Charlemagne, de Dante, etc., fut limitée à un point restreint de l'espace et du temps, tandis que leur vie *subjective*, incorporelle et permanente, s'étend indéfiniment dans les deux sens, d'après l'influence croissante de leurs œuvres ou de leur rapport à la civilisation, et constitue une immortalité aussi réelle qu'immatérielle. D'où Auguste Comte pose ce principe : *Les vivants sont de plus en plus gouvernés par les morts, qui représentent la meilleure portion de l'humanité.*

Cette nouvelle manière d'envisager l'immortalité de l'homme nous paraît digne de l'attention des philosophes du xixe siècle.

Vacherot avoue, dans la *Métaphysique et la Science*, qu'il règne dans le monde officiel un *spiritualisme de convention* plutôt que de croyance. On professe cette doctrine, comme on professe telle religion aujourd'hui par un sentiment politique de conservation sociale ; on prend la doctrine par le côté pratique, tout en étant fort peu convaincu de sa vérité théorique. Au fond, qui se soucie des principes sur lesquels le spiritualisme est fondé ? »

Combien d'hommes et de femmes ne croient pas à l'âme, et n'en sont pas moins d'honnêtes gens, dévoués à leurs semblables ! Si l'on pouvait lire dans la pensée de toutes les personnes qui fréquentent les synagogues, les églises, les temples, on découvrirait plus d'hypocrites que de croyants. Mais pourquoi vont-elles à la messe, aux cérémonies religieuses ?... pour faire comme les autres, et se donner des airs d'honnêtes gens.

X

E. Caro, en présence des doctrines des utopistes et des poètes qui s'éloignent du dogme chrétien sur l'immortalité de l'âme, s'est écrié : « Mon âme vivra, je le sais, je l'affirme et contre les sceptiques qui doutent de la vie future et contre les panthéistes qui la dénaturent. »

Je le sais !... Comment le savait-il ?... Une conviction personnelle, toute respectable qu'elle est, ne peut rien certifier. Que ce soit un sentiment, nous le voulons bien, mais il est discutable. Nous n'y voyons qu'une illusion propre à tranquilliser une imagination inquiète, qui ne peut pas envisager en face *le néant qui absorbe tous les êtres*.

Affirmer n'est pas prouver, et l'existence de l'âme reste en question... Problème insoluble, quoi qu'on fasse, quoi qu'on dise.

E. Caro continue ainsi :

« Le spiritualisme affirme avec Platon que Dieu agit sur notre âme par amour, comme sur notre raison par l'idée... » S'il en était ainsi, l'homme n'aurait jamais que de bons sentiments et des idées justes. Comment expliquer qu'il y ait tant de scélérats, de malhonnêtes gens et d'hypocrites si Dieu agit sur l'homme ? C'est s'aventurer beaucoup que de vouloir préciser les actions de Dieu.

Dans son livre intitulé : *l'Idée de Dieu*, nous lisons : « Dans les sciences morales, les faits offrent une surface si mobile, ils sont d'une appréciation si variable et si délicate qu'ils reflètent inévitablement la nuance propre et la pensée de l'observateur. On y verra ce qu'on y voudra voir, si l'on ne se garantit pas soi-même contre son hypothèse. Il n'y a qu'une condition pour que l'observation soit sincère, c'est l'absence de système. Toute idée préconçue altère la réalité observable, toute hypothèse jette sur les faits sa couleur, son reflet. C'est ce que savent les maîtres de la science psychologique. Ils ont un parti pris de n'en avoir aucun. »

Nous pensons qu'il en est de même des spiritualistes qui ne se garantissent pas eux-mêmes contre l'idée préconçue de l'immortalité de l'âme; ils l'admettent sans preuves, veulent la voir partout où ils la cherchent, et croient l'avoir saisie quand ils n'ont mis au jour que des phrases basées sur des aspirations vagues et des sentiments mystiques, vers lesquels le cœur et la pensée s'élèvent appuyés sur le désir insatiable d'échapper au néant.

Dans l'*Ecclésiaste,* on lit au chapitre III, V. 19, 20, 21 : « C'est pourquoi une même mort est à l'homme et à l'animal, et *leur condition est la même;* comme l'homme meurt, ainsi l'animal meurt. L'un et l'autre respirent de la même manière, et *l'homme n'a rien de plus que l'animal.* Tout est assujetti à la vanité. »

« L'un et l'autre vont au même lieu ; ils ont été faits de terre, et ils retourneront également à la terre. »

╳

Au livre II de *la Sagesse*, V. 2, 3, on relève ceci :

« Nous sommes nés de rien, et, après, nous serons comme si nous n'avions jamais été ; le souffle de notre bouche est fumée, et la parole une étincelle qui agite notre cœur ; elle s'éteint, notre corps n'est plus que poussière, et notre esprit se dissipe comme un air léger, et notre nom est oublié dans le temps. »

Auguste Nicolas commence son chapitre sur l'âme ainsi qu'il suit :

« Il ne faut pas aller chercher bien loin la preuve de cette première vérité, car le premier fondement de sa démonstration se trouve dans son énonciation même. »

Comment ! il suffira d'énoncer une pensée pour qu'elle soit vraie ? Cela n'est pas sérieux, autrement on serait conduit à accepter comme vraie toute idée saugrenue émise par le premier venu.

Il continue ainsi : « On peut dire en effet que, par cela seul que nous avons l'idée de l'âme, il est nécessaire que l'idée soit vraie. » C'est un raisonnement illogique qui ne supporte pas la discussion. Cette manière d'agir des spiritualistes nous confirme dans notre opinion que leurs arguments et leurs théories se composent de phrases aussi vagues et aussi creuses que toutes les métaphysiques.

Quant à l'immortalité de l'âme, Auguste Nicolas se sert du même procédé. « Par cela seul que nous avons l'idée de l'immortalité de l'âme, il est nécessaire que cela soit vrai. » C'est le raisonnement de Descartes qui ne résout pas la question.

Après avoir consacré un chapitre à l'immortalité de l'âme sans rien prouver, A. Nicolas passe au chapitre de l'enfer et dit que : « nier l'enfer, c'est nier la rédemption ; et nier la rédemption, c'est nier le salut du genre humain par la croix de Jésus-Christ. » L'excès de dévotion aveuglait A. Nicolas, autrement il aurait vu que le genre humain n'a pas été sauvé par la croix, puisque les *deux tiers* de la population du globe ne sont pas chrétiens. Cependant voilà déjà dix-neuf cents ans que le christianisme existe. — A. Nicolas a oublié que les croisades ont été vaincues par les Mahométans, et que la croix de Jésus-Christ a échoué contre l'Islamisme qui, en 1107, lui a repris Jérusalem qu'elle n'a pu reconquérir.

En outre, sur un milliard deux cents

millions d'habitants que comprend notre globe, on ne compte que trois cent quatre-vingt-dix-huit millions de chrétiens.

Le bouddhisme, presque aussi favorisé, éclaire trois cent quarante millions d'hommes, le mahométisme deux cents millions d'hommes, la religion de Brahma cent soixante-quinze millions, celle de Confucius quatre-vingt-quatre millions.

Le judaïsme sept millions.

On voit que le christianisme est mal fondé dans ses prétentions d'avoir sauvé le genre humain. Et si l'on veut bien se rappeler que l'Église catholique annonce du haut de sa chaire qu'il y a beaucoup d'appelés, mais qu'il y aura peu d'élus, on doit en conclure que la croix ne fera pas beaucoup d'heureux.

L'ouvrage d'Auguste Nicolas ne convient qu'aux dévots, aux séminaristes, aux curés et aux ordres religieux.

La preuve de l'existence de l'âme est encore à faire, malgré les affirmations des spiritualistes.

Voilà plus de deux mille ans que le spiritualisme tend à devenir la philosophie d'une grande partie des peuples ; cependant peu d'hommes croient fermement à l'immortalité de l'âme. Depuis *Socrate* nous n'avons pas fait avancer la question d'un pas, nous sommes toujours dans le doute ; l'humanité n'a pas progressé, et la façon dont chacun se conduit, petits, grands, riches, pauvres, prouve bien que nul ne se soucie de l'immortalité de l'âme et de ses conséquences.

Ne voyons-nous pas presque tous les jeunes gens riches escompter à l'avance une partie de leur patrimoine pour le manger avec des filles ? ne passent-ils pas leurs soirées dans les cafés-concerts, dans les maisons de jeux, etc. ?

Nous avouons qu'ils sont, jusqu'à un certain point, excusables puisque, dès leur jeunesse, le mauvais exemple leur a été donné par leurs pères fréquentant journellement les cercles, et délaissant au foyer femmes et enfants livrés à leurs réflexions sur les absences continuelles des chefs de famille.

Les ouvriers vont au cabaret, imitant ainsi les bourgeois enrichis qui n'ont pas le droit de les blâmer. En effet, cabarets, cafés, cercles, clubs, maisons de jeux, tout cela se vaut sous le rapport de la moralité. Qu'on aille demander à tous ces viveurs ce qu'ils pensent de l'âme et de son immortalité ; ils vous riront au nez.

Admettons pour un moment que l'âme, comme l'enseignent les spiritualistes, est une émanation de la divinité, qu'elle est une, mais qu'elle est dans un corps matériel dont l'organisation est plus ou moins parfaite, et que de cette imperfection résulte la différence que nous voyons entre les sentiments des hommes. Comment expliquer alors que l'âme soit damnée pour n'avoir pas suivi la bonne voie, quand elle est entraînée forcément dans la mauvaise, jusqu'au crime même, par suite de la nature vicieuse du corps dans lequel elle est incarcérée? Voilà donc une âme immatérielle, émanation de Dieu, responsable des actes d'un corps périssable dont les passions dépendent de son système nerveux ou sanguin ! Est-il compréhensible qu'une âme, dans ces conditions, puisse être condamnée au feu éternel ?... Non. Par conséquent l'âme, pour nous, ne peut être distincte du corps, elle n'est que l'expression de la résultante de ses instincts bons ou mauvais, et elle doit périr avec le corps.

×

Ne pourrait-on pas dire que l'âme est

l'harmonie du corps, et Dieu l'harmonie de l'univers?

Dans sa fable intitulée : *le Chat et le Miroir*, Florian, après avoir exposé que le chat ne peut rien comprendre à son image qui apparaît dans la glace et qu'il ne peut saisir, termine en faisant parler le chat de la manière suivante :

> Que m'importe, dit-il, de percer ce mystère?
> Une chose que mon esprit,
> Après un long travail, n'entend et ne saisit,
> Ne nous est jamais nécessaire.

Faisons comme le chat, laissons de côté les questions insolubles.

L'HOMME

> L'homme, comme être physique et intelligent, est l'ouvrage de la nature. Il s'ensuit par conséquent que non seulement tout son être, mais aussi ses actions, sa volonté, sa pensée, ses sentiments sont fatalement soumis aux lois qui régissent l'univers.
>
> (Büchner.)

L'HOMME

L'homme est-il, ainsi que l'enseigne la théologie, un être à part, ayant une destinée future autre que celle qui est réservée à tous les êtres animés, bipèdes, quadrupèdes ? Nous avons le droit d'en douter ; en effet :

L'homme, quoi qu'en disent les théologiens, n'est qu'un mammifère. La zoologie nous démontre que les globules du sang sont circulaires chez l'homme, comme chez presque tous les mammifères : chien, chat, bœuf, etc. ; et que la circulation du sang s'effectue de la même manière, la disposition du cœur étant identique.

Le système nerveux des mammifères, des oiseaux et des reptiles, est conformé comme celui de l'homme.

Les vertèbres *coccygiennes* de l'homme sont *rentrées* et cachées sous la peau comme chez les anthropoïdes ; à deux mois, chez l'embryon elles sont *extérieures* et forment une petite queue qui rentre plus tard sous la peau.

Si l'on considère le mode de génération dans l'humanité, on reconnaît qu'il est le même chez tous les animaux.

Depuis l'homme jusqu'aux derniers des animaux (même en botanique), il faut généralement le concours de deux éléments : l'*ovule*, élément femelle, et le *spermatozoïde*, élément mâle.

La femme, femelle de l'homme, a ses ovules que l'homme féconde ; elle a les seins placés sur la poitrine comme les guenons et les chauves-souris.

Les singes vivent en famille comme

l'homme ; ils n'ont qu'une femelle à laquelle ils sont très attachés. Les femelles ont une grande affection pour leurs petits, et lorsqu'elles sont obligées de fuir devant un danger, elles les emportent dans leurs bras. Si elles sont sur le point d'être prises, elles s'arrêtent, lâchent leurs petits, et pour leur donner le temps de se sauver, elles détournent l'attention des assaillants jusqu'à se faire tuer s'il le faut.

Leur dévouement est admirable, leur amour maternel n'est jamais en défaut; on n'en peut pas dire autant de beaucoup de femmes, comme nous l'apprenons trop souvent par les journaux.

Ajoutons que les femelles des singes sont sujettes aux indispositions mensuelles.

Quand la femme met un enfant au monde, il est dans un placenta, comme le petit chien dans un sac membraneux.

Tout se passe chez les vivipares comme chez les ovipares. L'œuf n'est qu'un placenta de substance solide chez les ovipares, au lieu d'être de matière molle comme chez les vivipares.

×

L'acte de procréation s'effectue d'une manière aussi bestiale chez l'homme que chez le cheval, le chien, le lion, etc.

Quand le crocodile veut féconder sa femelle, il la renverse sur le dos et la couvre.

Spinoza prétend qu'il y a une différence. On lit, en effet, dans la scholie de la cinquante-septième proposition de la troisième partie de l'*Ethique* ce qui suit :

« Le cheval et l'homme obéissent tous deux à l'appétit de la génération, mais chez celui-là l'appétit est tout animal ; chez celui-ci, il a le caractère d'un penchant humain. » Nous ne partageons pas cette opinion. D'ailleurs, qu'entendait-il par un *penchant humain?* Ce penchant, n'est-ce pas le désir qui porte le mâle de chaque espèce vers la femelle ?

Que l'homme ait poétisé l'amour, soit; mais c'est toujours l'aiguillon de la chair qui rapproche les deux sexes. Et, quoi qu'on en dise, l'humanité n'est pas en dehors de la loi commune, elle la subit.

Nous sommes surpris que Spinoza ait posé cette distinction dans un acte qui est une loi universelle de la nature, et dont les êtres jouissent plus ou moins, suivant la finesse de leurs organes et la délicatesse de leur système nerveux. C'est, du reste, ce que Spinoza lui-même reconnaît à la fin de sa proposition quand il déclare que toute affection d'un individu diffère de celle d'un autre autant que la nature ou l'essence du premier diffère de celle du second — nous sommes d'accord.

La seule chose qu'on puisse admettre à l'avantage de l'homme, c'est que, dans cette circonstance, ses jouissances augmentent en raison de l'exaltation de son imagination.

×

Si nous jetons un coup d'œil sur la gestation des mammifères, nous constatons que la femme n'occupe pas un rang à part.

Voici les durées de gestation des mammifères les plus importants :

Le chien	2 mois, 3 jours.
La brebis	5 mois.
La vache	9 mois.
La guenon de grande espèce	9 mois.
La femme	9 mois.
La jument	11 mois.
L'ânesse	11 mois environ.
La girafe	12 mois.
La chamelle	12 mois.
Le rhinocéros	16 mois.
L'éléphant	20 mois.

Quelque civilisé que nous paraisse l'homme, il revient de temps à autre à sa nature primitive, et l'animal reprend le dessus. Les guerres atroces, honteuses, stupides que se font les peuples sous l'impulsion de leurs gouvernements, dans un but très souvent peu avouable, prouvent que nous sommes à peine entrés dans la voie de la civilisation moderne qui proclame que tous les hommes sont frères et solidaires les uns des autres. La nature humaine arrivera-t-elle à cette perfection vers laquelle la dirige la philosophie du XIX° siècle ? Kant en a exprimé l'espoir dans sa *Critique de la Raison pure ;* mais, hélas ! nous ne partageons pas cet optimisme, parce que chez l'homme, sauf de rares exceptions, les instincts de la brute dominent toujours la partie intellectuelle.

Les armements formidables que toutes les puissances font ne sont pas une garantie de fraternité, et il est plus que probable que les futures guerres seront de véritables invasions de babares, comme l'Europe en a vu il y a mille à douze cents ans.

X

L'homme, à toutes les époques, a exploité son semblable; il a vécu aux dépens de ceux qui l'entourent. Il en est ainsi dans toutes les couches sociales. Cela a toujours existé depuis que le monde se connaît, et l'exploitation dont nous sommes témoins se continuera malheureusement jusqu'à la fin des siècles.

L'égoïsme domine l'humanité.

La même chose se passe chez les animaux. Y a-t-il un tas d'ordures au coin d'une rue, un chien s'y arrête et cherche à y trouver quelque chose à sa convenance. Pendant qu'il est occupé, survient un second chien qui, se sentant le plus fort, saute sur le premier, le chasse et s'empare du tas. Celui-ci avait-il plus de droits que le premier? Non, mais *la force prime le droit* chaque fois qu'elle peut se manifetser impunément; et cet adage est vrai, car toutes les classes de la société, quelque éclairées qu'elles soient, le mettent en pratique. C'est la conséquence de l'égoïsme et de l'intérêt, mobiles de toutes les actions des hommes, selon *Hobbes* et *Helvétius.*

La force prime le droit physiquement, quoi qu'on en dise sentimentalement.

La raison du plus fort date de l'origine de l'humanité, et l'histoire de tous les temps le prouve surabondamment; il suffit de la méditer avec attention pour s'en convaincre.

Ne lit-on pas dans la Genèse la légende de Caïn tuant son frère Abel? Ce sont les deux premiers enfants d'Adam, deux frères qui auraient dû s'aimer; cependant l'un tue l'autre par jalousie... selon la Bible.

En réfléchissant sur cette légende, nous sommes porté à croire qu'il y a une allégorie dans laquelle Caïn représente les peuples *agriculteurs*, et Abel les peuples *pasteurs;* on voit alors qu'on peut considérer le meurtre d'Abel par Caïn comme une métaphore dans laquelle l'agriculture a tué la vie pastorale. C'est ce qui arrive ordinairement quand un peuple nomade s'arrête dans ses excursions et s'attache à une terre de prédilection. Cette explication ressort du verset 17 du chapitre IV du livre Ier de la Genèse, ainsi conçu : « Caïn bâtit une ville qu'il appela Enoch, du nom de son fils. »

A la lecture de ce verset, on est surpris que Caïn, fils d'Adam, bâtisse *une ville* pour lui et ses enfants. Comme on ne peut pas supposer que sa progéniture fût devenue assez nombreuse en si peu de temps pour nécessiter la construction d'une ville, on doit voir en Caïn, *laboureur*, et Abel, *pasteur*, non les deux premiers enfants d'Adam, mais deux hommes remarquables pris dans sa postérité et chefs de deux peuples voués, l'un à l'agriculture, et l'autre à la vie pastorale.

Il faut envisager sous le même point de

vue les six générations de Caïn : *Enoch, Maviaël, Mathusaël, Lamech*, et ses deux fils *Jubal* et *Tubalcaïn*, et ne voir en eux que les noms des hommes supérieurs qui, de siècle en siècle, ont surgi et fait époque. On comprend alors que Caïn, se rendant à l'orient de l'Éden (chap. 4, v. 16 de la Genèse), ait pu trouver une femme.

Du reste, il est bien évident, par le verset 14 du même chapitre, qu'il y avait d'autres hommes lors du prétendu meurtre d'Abel, puisque, selon la Bible, Caïn dit à Dieu : « Quiconque me rencontrera me tuera. » Adam n'est donc pas le premier homme, mais seulement le premier d'un peuple de race sémitique dont Moïse nous entretient dans la Genèse.

On voit, au verset 21, que Jubal est le père de ceux qui jouent de la harpe et de la cithare ; les beaux-arts étaient donc connus ?

Le verset 22 nous montre Tulbacaïn habile à travailler le fer et l'airain ! Pour que la sixième génération travaillât les métaux, il fallait qu'elle connût la métallurgie. Cette industrie et les beaux-arts indiquent un peuple déjà civilisé. Cela nous confirme dans notre opinion qu'avant Adam il avait existé des nations civilisées dont les derniers rejetons pourraient bien être ces géants dont il est question au 4ᵉ verset du chapitre vi de la Genèse.

L'observation démontre, et les botanistes admettent, qu'il y a eu plusieurs centres originaires de végétation à la fois, et qu'ainsi les plantes d'une même espèce ont pu naître et croître simultanément, ou successivement, sur différents points du globe, sans aucun rapport entre elles.

Nous sommes persuadé qu'il en a été de même de la race humaine et de tous les animaux, et que les différents centres de création ont produit les divers types humains que nous rencontrons sur notre globe. Cela est plus probable que de vouloir les faire descendre d'un prototype qui se serait altéré à travers les siècles qu'il aurait franchis pour arriver jusqu'à nous.

C'est dans cet ordre d'idées que les naturalistes ont démontré qu'à chaque période géologique les animaux et les plantes, variés dans leurs formes, ont apparu dans des stations différentes à mesure que les conditions climatériques et physiologiques leur permettaient de naître, de vivre et de se reproduire.

L'homme étant un vertébré, mammifère, a dû subir la loi commune des évolutions de la matière.

Il est reconnu aujourd'hui que la théologie se trompe quand elle veut donner aux êtres une origine simultanée dans la création; la géologie lui inflige un démenti formel.

Il est très facile de reconnaître, à la simple lecture de la Bible, que les auteurs des différents chapitres manquaient d'instruction, et qu'ils ignoraient la géographie, l'astronomie, la géologie ; cela explique les erreurs multiples qu'on y découvre.

Aimé Martin, dans son livre : *Éducation des mères de famille,* dit avec raison : « *L'homme, animal vivant et intelligent,* est doué à lui seul de tous les instincts et de toutes les passions des autres animaux. »

Linné place l'homme en tête du règne animal, et le met à côté des singes et des chauves-souris. Il n'y a que l'homme et le singe qui aient des cils aux paupières.

Les dents des singes et des chéiroptères (chauves-souris) sont de trois sortes comme chez l'homme.

X

Dans le *darwinisme*, par Emile Ferrière, nous lisons : Linné avait compris l'homme et le singe dans le même ordre auquel il avait donné le nom de *primates*. Mais les préjugés de toute nature, l'ignorance, la superstition et leur inséparable compagnon, la stupidité orgueilleuse, s'irritèrent et crièrent à la profanation. Des naturalistes *complaisants* se mirent à l'œuvre ; *Blumenbach* déclara que l'homme avait *deux mains* et *deux pieds*, tandis que les singes avaient *quatre mains* et *pas de pieds;* en conséquence il décréta que l'homme formerait un ordre distinct, celui des *bimanes*, et que les singes en formeraient un autre, celui des *quadrumanes*.

Cuvier, en bon théologien, propagea la distinction ingénieuse de Blumenbach ; et voilà comment tous les livres de zoologie enseignent que l'homme *bimane* est séparé par un abîme du singe, animal quadrumane.

Est-ce que vraiment les deux membres inférieurs du singe seraient des mains et non des pieds ? Isidore Geoffroy osa proclamer tout haut ce que les naturalistes murmuraient tout bas : *Non, le singe n'est pas un quadrumane*, ces deux prétendues mains de derrière sont de véritables pieds.

Un savant anglais, Huxley, a démontré aussi que les singes ont *deux pieds* et *deux mains*, et que rien n'autorisait, en zoologie, à séparer l'homme de l'ordre des *primates*.

Traitant de la phase embryonnaire : si l'on compare, dit-il, les évolutions de l'*embryon humain* et celles de l'*embryon simien* (singe), il y a ressemblance continue ; chez tous les deux la membrane vitelline (blanc d'œuf) est *sphéroïdale* et le placenta *discoïde*.

De plus, le nombre des vertèbres *dorsales* et *lombaires* est également de dix-sept chez le gorille comme chez l'homme.

PROVIDENCE

> Ernest Renan, dans son discours prononcé à l'Académie, le 27 avril 1883, définit la Providence : « l'ensemble des conditions fondamentales de la marche de l'Univers. »

PROVIDENCE

Les théologiens enseignent que Dieu, sous le nom de *Providence*, veille sur l'humanité.

L'homme qui énumère les misères de l'espèce humaine, et qui considère la quantité de crimes commis journellement, est porté à douter de l'intervention de la Providence dans les événements de ce monde. Quand il voit tant d'hommes s'enrichir par des moyens honteux, par des spéculations véreuses; d'autres parvenir aux honneurs malgré leur nullité, leur impudence, leurs principes élastiques, leurs procédés iniques, il ne sait que penser ; surtout lorsque l'histoire lui montre sur le trône un Néron, assassin de sa mère, de sa femme, de sa tante, de Sénèque, de Lucain, de Corbulon, etc. ; un Caligula, débauché ; un Constantin, assassin de sa famille ; un Louis XI, fourbe et méchant ; un Philippe II d'Espagne, roi hypocrite, bigot, cruel ; un pape, Alexandre VI (Roderic Borgia), souillé de toutes sortes de crimes, etc.

En présence de ces monstruosités, qui ne sont pas faites pour inspirer au peuple le respect du pouvoir, il faut convenir que les hommes agissent ordinairement comme les animaux selon la nature, bonne ou mauvaise, qui leur est donnée par le hasard de leur naissance, et dont ils ne sont pas responsables, puisqu'ils n'ont pas contribué à la formation de leur tempérament, qui est un héritage du sang du père, de la mère et des grands parents. Aussi, ne voyons-nous dans les hommes que des animaux intelligents, égoïstes, qui, de même que tous les êtres de la création, agissent en vue de leurs intérêts personnels.

Flammarion, qui s'est occupé des conditions d'habitabilité sur les globes de notre système planétaire, déclare que l'humanité terrestre n'est pas la plus idéale des humanités, et que la terre n'est pas le meilleur des mondes. Un monde où l'on se mange, où l'on se vole, où l'on se bat; un monde où *la force prime le droit*, où les nations sont incapables de se gouverner elles-mêmes ; un monde où *cent religions qui se prétendent révélées enseignent l'absurde* et se contredisent mutuellement, — un tel monde n'est pas parfait.

Luther a dit : « Nous savons par expérience que Dieu ne se mêle en aucune manière de cette terre. »

×

Il est plus logique, en effet, de mettre la Providence hors de cause, autrement elle serait responsable des assassinats, des incendies détruisant des cités, des éboulements de montagnes engloutissant des villages, des naufrages où tout périt bons et méchants, des guerres, des ouragans renversant tout sur leur passage, des pestes, des famines, des sauterelles dévorant tout, des tremblements de terre ébranlant des villes et des contrées entières, comme Lisbonne en 1757, la Calabre en 1783, Ischia et Krakatoa en 1883, et l'Espagne en décembre 1884 ; sans parler des crocodiles, des vipères, des serpents, des scorpions, des tarentules et de tant d'autres bêtes nuisibles.

C'est en présence de toutes ces calamités et des dangers auxquels l'homme est exposé qu'un philosophe s'est écrié : *Dieu c'est le mal*.

×

Quand on examine l'humanité, on y voit peu d'hommes jouissant d'une santé parfaite. Les uns sont poitrinaires, d'autres sont aveugles ou sourds-muets, boiteux, bossus, scrofuleux, bègues, myopes, fous, idiots, etc. ; tous ces affligés ne doivent pas se féliciter des dons de la Providence que les théologiens proclament hautement *bonne* et *intelligente*.

Saint Augustin, au septième livre de ses Confessions, avoue ne pas comprendre pourquoi le mal existe, puisque le monde a été créé par un Dieu plein de bonté. Cette franchise nous plaît.

Leibnitz, dans sa théodicée, n'a pas pu justifier la Providence de l'existence du mal.

Les théologiens, consultés sur la cause des maux qui accablent l'humanité, nous répondent que ce sont des épreuves auxquelles Dieu nous soumet pour connaître nos dispositions. Cette raison est des plus naïves, ou plutôt n'en est pas une, car Dieu doit savoir à l'avance ce dont les hommes sont capables, et c'est lui faire injure que de supposer le contraire ; ce serait avouer que Dieu ignore bien des choses, ce qui contredirait son omniscience posée par les théologiens.

Comme preuve de l'action de la Providence on nous cite l'harmonie qui règne dans l'univers ; mais là aussi il y a parfois des catastrophes. Les astronomes signalent dans notre système planétaire quelque chose d'anormal qui certifie qu'un cataclysme épouvantable a dû se produire à une époque tellement reculée que les habitants de la terre n'ont pu en être témoins ; nous voulons parler de cette planète qui a disparu et qui, d'après la *loi de Bode*, devait se trouver entre Mars et Jupiter.

Dès que cette loi fut connue, en 1778, on chercha dans les parages désignés par son auteur, et l'on découvrit successivement une multitude de petites planètes, débris évidents et certains d'une plus grande qui devait exister à l'origine de notre système planétaire.

Depuis 1801, date de la découverte de la première petit planète, jusqu'en 1887 inclus, on en a trouvé 270, auxquelles on a donné le nom de *planètes microscopiques*.

Toutes ces planètes ne décrivent pas la même courbe autour du soleil, chacune d'elles parcourt une ellipse dont l'excentricité est différente, ainsi que son inclinaison sur l'écliptique. Leurs distances du soleil varient entre 2,13 pour la plus rapprochée, et 3,95 pour la plus éloignée (la distance moyenne de la terre au soleil étant prise pour unité, suivant la loi de Bode).

Mars étant à 1,52 du soleil et Jupiter à 5,2, on voit qu'elles ont de l'espace pour se mouvoir entre ces deux planètes.

Elles sont en général plus rapprochées de Mars que de Jupiter, et l'ensemble de toutes leurs orbites embrasse une zone de 70 millions de lieues au moins de largeur.

X

Les Théologiens, dans leur parti pris de tout admirer dans la nature, prétendent que la Providence a créé la lune pour éclairer la terre pendant la nuit. (Bible, chap. 1ᵉʳ, v. 16.)

L'expérience de tous les mois prouve que cela n'est exact qu'à demi. En effet, la lune n'éclaire réellement la terre qu'à partir du premier quartier jusqu'au commencement du dernier, soit une quinzaine de nuits. Chacun de nous a pu remarquer que pendant les premières nuits de la néoménie la lune se couche peu après le soleil, et que durant le dernier quartier elle n'apparaît que peu de temps avant le lever de l'astre du jour. De sorte que du dernier quartier au premier, la lune n'est pas d'une grande utilité pour les habitants de la terre.

Or, si la Providence avait créé la lune pour éclairer les nuits de la terre, comme l'enseigne la Genèse, elle l'aurait mise en opposition constante avec le soleil, de manière à se lever sur l'horizon au moment où celui-ci se couche, et cela invariablement afin que la lune fût toujours dans son plein et éclairât la terre lorsque le soleil est couché, comme le fait se passe à chaque pleine lune.

Chose remarquable, la lune, plus favorisée que la terre, n'a jamais de nuit complètement privée de lumière ; nous parlons, bien entendu, de la face constamment tournée vers nous ; l'autre, ne voyant jamais la terre, n'a pas de lune, sa nuit est complète.

On sait que, pendant ses trente jours (nombre rond) de révolution autour de la terre, la lune n'a qu'un jour et une nuit.

Son jour dure environ quinze des nôtres de vingt-quatre heures, et sa nuit tout autant.

Le jour, elle est éclairée par le soleil. La nuit, c'est la terre qui lui sert de lune et lui présente successivement des phases comme celles que nous observons sur notre satellite.

La terre, pour les sélénites, est une lune autrement splendide que la nôtre, puisqu'elle leur apparaît douze fois plus grande que le soleil vu de la terre, et qu'elle leur envoie au moins treize fois plus de lumière que la lune ne nous en distribue quand elle est dans son plein. Les nuits de la lune sont donc parfaitement éclairées, ce qui est constaté par la lumière *cendrée* qui lui vient de la terre, et que nous voyons sur la partie obscure de la lune dans les premières nuits qui suivent et celles qui précèdent la néoménie.

Ainsi, dans le cas qui nous occupe, les sélénites peuvent croire à bon droit que la terre a été faite uniquement pour leur servir de lune, puisqu'elle en remplit régulièrement les conditions en éclairant constamment leurs nuits ; avantage que notre lune ne nous offre pas, comme nous l'avons vu plus haut.

La vie de l'homme est si courte qu'elle suffit à peine pour apprécier les irrégularités qui se produisent dans notre système planétaire durant le laps de temps de plusieurs siècles. Malgré cela, les astronomes en signalent quelques-unes, entre autres : La *diminution séculaire de l'obliquité de l'écliptique*.

Ce phénomène, s'il continue, influera très sérieusement sur la température de la terre, et modifiera insensiblement sa faune et sa flore d'une façon radicale, comme elles se sont transformées aux époques géologiques qui nous ont précédés. Quant à nous, pauvres humains, nous serons, pour la plupart, devenus la poussière des champs, à l'exception de quelques-uns qui deviendront des fossiles que les futurs paléontologistes, perdus dans l'infini des siècles, examineront avec curiosité pour savoir si leurs crânes ont appartenu à des singes anthropoïdes ou à des hommes. Car, à cette époque éloignée, l'humanité se sera en grande partie transformée, et il y aura entre elle et nous autant de différence que nous en remarquons aujourd'hui entre nous et les grands singes.

Il en est de même dans l'ordre moral. Comment la Providence, qui doit veiller à tout, n'a-t-elle pas empêché le schisme d'Orient, celui du protestantisme et de tant d'autres sectes sorties du catholicisme? C'est, sans doute, parce qu'elle sait que toutes les religions sont bonnes, pourvu qu'on soit honnête. Dieu juge les choses autrement que nous.

La présence du mal sur la terre a été la préoccupation de bien des philosophes.

Épicure a dit quelque part :

« Ou Dieu veut empêcher le mal, et il ne
« peut y parvenir ;

« Ou il le peut et ne le veut pas ;

« Ou il ne le veut ni ne le peut ;

« Ou il le veut et le peut.

« S'il le veut sans le pouvoir, il est im-
« puissant ;

« S'il le peut et ne le veut pas, il aurait
« une malice qu'on ne doit pas lui attri-
« buer ;

« S'il ne veut ni ne le peut, il serait à la

« fois méchant et impuissant, et par consé-
« quent il ne serait pas Dieu ;

« S'il le veut et s'il le peut, d'où vient le
« mal, ou pourquoi ne l'empêche-t-il pas ? »

Depuis deux mille ans et plus les choses n'ont pas changé, et tout porte à croire que la Providence ne se dérangera pas pour améliorer le sort de l'humanité dont elle se soucie fort peu, d'après ce qui se passe sous nos yeux.

Cicéron a dit: Si Dieu ne se rend pas agréable à l'homme, il ne peut être son Dieu. »

Dans *Hippolyte*, pièce d'Euripide, le chœur s'écrie :

> Quand je vois le sort des mortels,
> Je doute de la Providence.

Euripide était libre penseur.

LE LIBRE ARBITRE

Le libre arbitre est une chimère.
(Büchner.)

LE LIBRE ARBITRE

Revenons à l'homme.

La responsabilité du mal que nous apercevons dans les actions des hommes nous semble devoir être attribuée à leurs tempéraments.

Les spiritualistes prétendent que la responsabilité du mal que nous commettons nous incombe entièrement en raison de notre *libre arbitre*.

Mais *le libre arbitre* existe-t-il dans toute sa plénitude?

Sommes-nous bien maîtres de nos actions? ne subissons-nous pas, à notre insu, une influence matérielle, résultat de notre constitution et des sensations que nous éprouvons du milieu dans lequel nous vivons? — Là est la question.

Nous sommes d'avis que l'homme subit la loi de son tempérament qu'il lui est impossible d'éviter.

Les Grecs n'admettaient pas le libre arbitre. Ils croyaient au *Destin*, qui était pour eux un dieu caché, inconnu; et ils lui élevaient un temple avec cette inscription: *Au Dieu inconnu*.

Solon disait que nos maux sont l'œuvre du *destin*, et que personne ne peut se soustraire à la *fatalité*.

Eschyle, vᵉ siècle avant J.-C., a mis dans ses tragédies un *destin inflexible* dominant l'humanité. Il affirmait que Jupiter lui-même ne pouvait éviter sa destinée.

Dans la pièce des *Choéphores* du même auteur, Electre, sœur d'Oreste, s'écrie : « L'homme, libre ou esclave, vit toujours sous la loi du *destin*. »

Sophocle, ivᵉ siècle avant J.-C., dans *Œdipe Roi*, fait dire à Jocaste, mère et épouse d'Œdipe, laquelle ne croit pas aux oracles : « L'homme est le jouet de la fortune ; il doit s'y soumettre et jouir de la vie telle qu'elle lui est donnée. »

Dans *Sénèque* nous lisons : « Les faits conduisent la volonté et trahissent ceux qui leur résistent. »

C'est ce que le vulgaire traduit par ces mots : Pour réussir, il faut avoir la chance pour soi. Le peuple est fataliste, il croit à la destinée. Aussi, quand un malheur arrive à quelqu'un il s'écrie : *C'était son sort;* l'Arabe dit : *C'était écrit.*

×

Tacite s'exprime ainsi au livre III de ses *Annales :* « Pour moi, plus je repasse dans mon esprit de faits anciens et de modernes, plus un *pouvoir inconnu* semble se jouer des mortels et de leurs destinées. »

D'après l'*Ecclésiaste :* « Jamais, sous le soleil, le prix de la course n'est donné aux plus agiles, la victoire aux plus forts, la paix aux plus sages, les richesses aux savants, la faveur aux habiles ; mais en toutes choses, le *temps* et le *hasard* font tout. »

×

Selon *Plotin* (Ecole d'Alexandrie, traduction de Vacherot), la descente des âmes sur la terre et le choix du corps qu'elles doivent habiter *sont réglés d'avance et irrévocablement.* A chaque âme son heure ; quand cette heure sonne, les âmes s'élancent et pénètrent dans les corps préparés à les recevoir, agissant dans ce mouvement comme si elles obéissaient aux forces ou aux tractions dont la magie fait usage, et répandant partout la vie dans un temps déterminé. La descente des âmes dans les corps est donc *fatale*, mais elle est en même temps libre et spontanée. Car, bien qu'elle n'ait été ni choisie ni consentie par les âmes, elle est libre, en ce que nulle cause extérieure ne vient la déterminer, et qu'elle n'obéit qu'à une *impulsion intérieure* et *naturelle*, qui est, il est vrai, irrésistible. »

Puisque l'âme *obéit* à une *impulsion intérieure* et *irrésistible*, et que sa descente dans les corps est *fatale*, on ne peut pas admettre qu'elle soit en même temps *libre* et *spontanée*, puisque le choix du corps qu'elle doit habiter est *réglé d'avance;* donc, *pas de libre arbitre.*

La théorie de Plotin est des plus fantaisistes et tout à fait illogique. — Du reste, qu'en savait-il ?

D'après *saint Augustin*, le libre arbitre n'existe pas, puisque nous ne faisons rien « sans la grâce de Dieu ». (Lettre X, chap. xxxi.)

Un peu plus loin, il rapporte à Dieu nos bonnes actions et nous laisse responsables des mauvaises. Ce partage est pour le moins fort arbitraire.

Au xiii° siècle, *saint Thomas d'Aquin* a repris cette théorie en fondant le bien sur la nature de Dieu.

La *Prédestination* enseignée par le Catholicisme n'est pas autre chose que le *fatalisme* d'Orient, réservé à quelques natures privilégiées par un caprice de la Divinité.

La Prédestination, invention chimérique des théologiens à l'adresse des naïfs, ne peut pas exister, parce qu'elle serait une injustice envers ceux qui n'auraient pas été choisis pour en jouir. C'est même de la part des théologiens une injure faite à leur divinité que de la supposer capable de semblables procédés.

Spinoza pense que l'âme est un automate spirituel mû par trois ressorts : le désir, la joie et la tristesse ; l'âme, d'après lui, n'a pas son libre arbitre, elle appartient à la nature ; dès lors, il n'est pas plus au pouvoir de l'homme d'avoir une âme saine qu'un corps sain.

Les hommes qui pensent être libres se trompent. En quoi consiste leur opinion ? en cela seulement qu'ils ont conscience de leurs actions et ignorent les causes qui les déterminent. L'idée que les hommes se font de leur liberté vient de ce *qu'ils ne connaissent point la cause de leurs actions ;* car dire qu'elles dépendent de la volonté, ce sont là des mots auxquels on n'attache aucune idée. Quelle est, en effet, la nature de la volonté, et comment meut-elle le corps, c'est ce que tout le monde ignore, et ceux qui élèvent d'autres prétentions et parlent des sièges de l'âme et de ses demeures prêtent à rire et font pitié. » (Scholie de la 53ᵉ proposition de l'*Éthique* de Spinoza.)

Saint Paul nie implicitement le libre arbitre quand il dit : « Nous vivons en Dieu, nous sommes en lui. »

Cette théorie a été remise en honneur par *Malebranche*, qui a affirmé que nous voyons tout en Dieu et que ce n'est que par notre union avec l'Être qui sait tout, que nous connaissons quoi que ce soit. Il soutenait que notre volonté et notre intelligence sont impuissantes par elles-mêmes et que *Dieu est le moteur de nos déterminations et de nos actes*. Il détruisait ainsi le libre arbitre. Il résume sa philosophie par ces mots : *L'âme n'agit pas, elle est agie.*

Cela revient aux paroles de *Bossuet* : *L'homme s'agite et Dieu le mène.* Partant, point de libre arbitre et Dieu responsable du bien et du mal.

Si, comme le veut *Malebranche*, Dieu est le moteur de nos déterminations et de nos actes, l'homme n'a pas son libre arbitre ; alors pourquoi, dans les sermons des prédicateurs et dans les ouvrages orthodoxes, est-il continuellement question de la colère de Dieu et de sa vengeance ? Puisque Dieu agit en nous, sa colère et sa vengeance, ne peuvent que remonter vers lui. Du reste, ces deux mots colère et vengeance dans la bouche des théologiens, sont deux expressions offensantes envers le Créateur, qui, vu sa puissance illimitée, ne peut être que la bonté même.

Dieu n'a pas à se mettre en colère ni à se venger parce qu'on enfreindra les lois de la nature, comme pourrait le faire un potentat blessé dans son amour-propre ou son orgueil parce qu'un citoyen ne se sera pas soumis à une ordonnance royale signée : *Tel est notre bon plaisir*. Si l'homme commet des actes en opposition aux lois physiques ou morales, la punition suit l'infraction, et, comme dit le proverbe : l'on est toujours puni par où l'on a péché. Les hommes coupables d'une faute grave ou d'un crime ne vivent pas tranquilles, leur conscience est troublée, leurs nuits sont agitées ; ils passent leur vie dans les angoisses, et leurs souffrances intérieures se lisent sur leur physionomie bouleversée. Il est bien entendu que nous laissons de côté ces êtres dénaturés, rebut de l'humanité.

×

Suivant *V. Cousin*, l'homme n'agit et ne peut agir que conformément à sa nature, et sa liberté est relative à son essence. D'après cela, le libre arbitre se trouve bien compromis.

×

Littré nous assure que les motifs ont sur la volonté humaine la même puissance que les causes pathologiques sur le corps humain. Il en déduit que la volonté n'est pas un libre arbitre, c'est-à-dire qu'elle ne renferme rien par quoi elle puisse se déterminer elle-même. Obéit-elle à l'instinct, au désir, à la raison ?... La prévalence du plus fort motif, établie par la régularité des actions humaines dans le cours ordinaire de la vie et par les statistiques morales dans les conditions exceptionnelles, l'est aussi par l'analyse physiologique.

×

M. *Vacherot* reconnaît dans son livre *la science et la conscience*, que l'obstacle à l'exercice du libre arbitre n'est pas dans l'action des idées sur la volonté, mais qu'il est dans l'action des instincts et des passions. Plus loin il avoue que, sans être fataliste le moins du monde, on ne peut méconnaître *la part de fatalité* que la nature même des choses introduit dans l'activité politique et esthétique des sociétés humaines.

M. Vacherot, qui tient à sauvegarder les vérités morales établies, selon lui, par le témoignage de la conscience, ajoute : « Si la science insiste sur la part de fatalité des choses humaines, si elle montre partout la loi sous le fait, la nécessité sous la contingence, la nature sous la volonté, elle laisse aux acteurs du drame historique, individus ou peuples, la responsabilité de leurs vertus ou de leurs vices, de leur sagesse ou de leur imprévoyance. Il est vrai qu'elle tend à diminuer l'orgueil de la responsabilité humaine ainsi que sa confiance dans les résultats de ses calculs et de ses efforts. Elle fait voir en effet comment cette sagesse de conception et cette vigueur d'initiative ne peuvent réussir sans la faveur des circonstances, comment surtout elles ne peuvent rien fonder, rien organiser de fort et de durable sans le concours de ces grandes forces dont l'action sourde et invisible n'en est pas moins souveraine. »

Quelle est cette *action sourde et invisible ?...* La *fatalité*.

M. Vacherot pense que « la doctrine de la nécessité a pour effet d'énerver le sens moral de l'activité personnelle aussi bien dans la vie publique que dans la vie privée. » On peut lui opposer le fatalisme des Arabes qui les rend redoutables sur un champ de bataille, et que nous n'avons vaincus en Algérie que par la supériorité de nos armes.

Flourens a dit : « Nos passions viennent de nos instincts mus par nos organes, et notre liberté ne subsiste qu'autant que la raison domine. »

En résumé, nous croyons que la conscience est sujette à erreur, qu'elle n'a rien de fixe, qu'elle varie suivant le tempérament, l'instruction et l'éducation de l'homme, et qu'il vaut mieux s'en rapporter aux conclusions de la physiologie et de la psychologie expérimentale dont les résultats irréfutables sont acquis à la science.

Quant au *mérite* ou au *démérite* d'une action et aux enseignements de la conscience, c'est une question de latitude, de longitude et de civilisation. La conscience est ce que l'éducation la fait suivant les époques de la vie de l'humanité. Il est certain qu'un Anglais, un Français, un Italien, un Turc, un Persan, un Indien, un Chinois, ne résoudront pas de la même manière un cas de conscience. La conscience est donc sujette à varier suivant les peuples dont la raison paraît se modifier suivant les temps, les latitudes et les longitudes.

Si nous admettons que l'homme n'a pas son libre arbitre, on nous objectera qu'avec cette théorie le voleur et l'assassin, n'étant pas responsables de leurs crimes, ne doivent pas être livrés aux tribunaux. A cela nous répondrons : de même qu'on tue un loup qui dévore une brebis, ou une panthère qui mange un bœuf, ou un lion qui attaque un homme et le met en morceaux, de même la société a le droit de se mettre en sûreté contre les voleurs en les renfermant, et en livrant au bourreau les assassins qui peuvent être considérés comme des animaux nuisibles, et qui ne sont réellement pas autre chose.

MATIÈRE

> Dieu, la fatalité, la matière, ne font qu'un.
> (CHATEAUBRIAND.)

MATIÈRE

Anaxagore, né vers l'an 500 avant J.-C., est le premier des philosophes qui ait posé en principe qu'il doit exister un Esprit distinct du monde, ayant présidé à la séparation des éléments confondus dans le chaos.

D'après Anaxagore, cet Esprit pur, Dieu, *n'aurait pas créé la matière*, il n'aurait fait que classer les éléments pour former les mondes. Selon lui, la matière a existé de toute éternité ; elle n'aurait pas eu de commencement, et, comme d'après tous les chimistes la matière ne périt pas et ne fait que changer de forme, elle serait éternelle comme Dieu. C'est, du reste, aujourd'hui l'opinion de tous les philosophes.

Mais, qu'est-ce que la matière ?

Quelle est la nature de cette substance qui nous apparaît variée dans sa forme et sa couleur ? On lui reconnaît des propriétés telles que la pesanteur, l'attraction, etc., mais on ignore la nature de ses éléments.

Thalès de Milet a cherché à découvrir la substance de la matière, sans y parvenir.

A ce sujet, il nous est souvent venu une idée qui pourrait bien avoir un fond de vérité. Nous avons pensé que *la matière doit être une*, c'est-à-dire qu'elle ne doit avoir *qu'une même essence*, quoiqu'elle nous apparaisse sous une multitude de formes, de combinaisons, de densité et de couleurs différentes. *Cette variété de couleurs, de formes et de densités serait le résultat*, croyons-nous, *des combinaisons* infinies des éléments de la matière, lesquels éléments resteraient identiques partout.

Exemple :

1° *Deux* atomes donnent *un* composé *binaire*.

2° *Trois* atomes peuvent produire *deux ternaires* dissemblables.

Dans le *premier ternaire*, les trois atomes peuvent s'être combinés ensemble *à un même instant* par l'attraction moléculaire.

Le *second* ternaire peut provenir d'un binaire *déjà existant*, auquel est venu s'ajouter un troisième atome.

On comprend dès lors que la *forme* et la *couleur* de ces deux corps ne soient pas les mêmes, puisque les combinaisons moléculaires ont une origine différente.

3° Si à ces deux ternaires on ajoute un quatrième atome, on obtiendra d'abord *deux quaternaires* différents entre eux de couleur et de forme, puisque les deux ternaires le sont.

On aura encore un *troisième quaternaire* en réunissant *deux produits binaires*. Ce *troisième* quaternaire n'aura ni même forme, ni même couleur que les deux premiers.

Enfin un *quatrième* quaternaire peut être produit par la *combinaison instantanée* de *quatre atomes*.

Etc., à l'infini...

Parmi ces combinaisons progressives il s'en est trouvé une qui a affecté la forme d'une cellule, et a servi de base au règne végétal.

Une autre cellule, modifiée par quelque influence climatérique, a produit le règne animal.

Ces deux règnes ont commencé par une cellule, ce qui tend à prouver que la matière est une en son essence.

Les végétaux et les animaux primitifs,

dont les géologues ont retrouvé les débris au sein de la terre, sont devenus tels que nous les voyons aujourd'hui, par des transformations successives et séculaires.

Autre exemple :

Nous pouvons aussi nous servir du rayon solaire qui est *blanc*, et opérer avec lui comme la nature doit en user avec les éléments de la matière.

Le rayon solaire a été considéré incolore jusqu'à l'époque où l'on a découvert qu'il était possible de le décomposer et de mettre à jour le *Spectre solaire*.

Dans ce spectre solaire, si l'on prend le jaune et le bleu, on obtient le vert ; avec le rouge et le jaune on a *l'orangé ;* le rouge et le bleu produisent le *violet*, etc. Toutes ces couleurs différentes dans leur aspect, créées par la combinaison des rayons dissemblables du spectre solaire, proviennent toutes *d'un rayon* de soleil *incolore*. En présence de ces faits, nous sommes convaincu qu'il en est de même de la matière qui, quoique *unique* (selon nous) dans son essence, produit tous les corps de la nature et toutes les couleurs qui frappent nos yeux par les combinaisons infiniment variées de ses atomes.

La chimie végétale vient aussi corroborer notre opinion. En effet, on sait que la *cellulose*, qui constitue les parois des cellules, des fibres et des vaisseaux des végétaux, se compose de :

12 *molécules* de carbone,
10   id.   d'hydrogène,
10   id.   d'oxigène.

Le sucre de *canne* comprend :

12 *molécules* de carbone,
11   id.   d'hydrogène,
11   id.   d'oxigène.

Le *sucre de fruits acides* :

    12 de carbone,
    12 d'hydrogène,
    12 d'oxigène.

Le *sucre de raisin* (glucose) comprend :

    12 de carbone,
    14 d'hydrogène,
    14 d'oxigène.

Ces quatre substances sont composées d'éléments de même espèce, mais une faible variation dans la quantité de *molécules* d'eau suffit pour en modifier la nature et les propriétés, absolument comme la variation du nombre des atomes produit des corps différents de forme et de couleur.

Diderot, dans ses *Mélanges philosophiques*, demande si la matière se divise en matière vivante et en matière morte.

On peut répondre hardiment aujourd'hui

que tout est vivant dans la nature, que rien ne périt, et que la décomposition qui se manifeste dans un arbre abattu, dans un animal mort, est encore en effet de la vie qui existe et agit dans chaque atome de la matière ; qu'il n'y a que les formes qui, après avoir duré quelque temps, se désagrègent, et que les éléments, avec la vie qui s'y trouve concentrée en germe, se répandent dans la nature pour concourir à la reproduction des êtres ou des végétaux qui se les assimilent selon leurs besoins, d'après les formes nouvelles qu'ils doivent revêtir.

Cette transformation sans fin et les lois du mouvement qui en sont les conséquences avaient déjà été reconnues par *Héraclite* 500 ans avant l'ère chrétienne.

Quant au principe qui constitue la vie, nul ne le connaîtra jamais, pas plus que l'essence, la substance de la matière.

×

D'après *Locke*, nous ne pouvons avoir aucune idée de la matière.

×

M. Vacherot, dans son volume, *la Métaphysique et la science*, s'exprime ainsi sur la matière :

« Que de discussions et de théories la métaphysique ontologique n'a-t-elle pas entassées de tout temps sur ce mot ? Elle est parvenue à faire accepter aux philosophes, et même à la plupart de nos savants, une définition de la substance matérielle réduite à l'étendue et à la solidité, substance inerte, abstraite et imaginaire s'il en fut, et qui n'a rien de commun avec cette riche et féconde matière que nous révèle l'expérience. »

Jusqu'ici c'est fort bien, mais il ajoute :

« La physique moderne a donné la vraie notion de la matière en la définissant *l'en-*

semble des propriétés sensibles qui persistent dans les corps, à travers les changements de lieu, de volume, de forme, de densité qu'ils éprouvent. »

Cette définition, suivant nous, est toute de convention pour s'entendre sur le *mot matière;* mais elle ne fait pas *entièrement* connaître la *nature* de la matière. En effet, elle ne saisit, d'après l'auteur lui-même, que les *propriétés sensibles* qui *persistent dans les corps*, mais elle n'atteint pas les *propriétés insensibles* qui seront toujours cachées pour nous, et dont nous ne pouvons pas avoir une idée, puisque l'essence de la matière nous échappe en grande partie ; la définition est incomplète.

Relativement à la transformation de la matière, nous trouvons, dans l'*Introduction à l'histoire de la philosophie*, de V. Cousin, une citation très intéressante tirée d'un ouvrage indien intitulé : le *Bhagavad-Gita*, épisode assez court d'un grand poème dont le sujet est la querelle des *Kourous* et des *Pandous*, deux branches de la même famille dont l'une, après avoir été chassée par l'autre, entreprend de rentrer dans sa patrie et d'y rétablir son autorité. Dieu est pour l'ancienne race exilée, les *Pandous*, et il protège leur représentant, le jeune *Ardjouna;* il l'accompagne sans que celui-ci sache quel est ce *Chrishna* qui est avec lui sur son char et lui sert d'écuyer.

L'épisode du Bhagavad-Gita prend l'action au moment où Ardjouna arrive sur le champ de bataille. Avant de donner le signal du combat, Ardjouna contemple les rangs ennemis : il n'y trouve que des frères, des parents, des amis, auxquels il doit faire mordre la poussière pour arriver à l'empire ; et à cette idée il tombe dans une mélancolie profonde. Il déclare à son compagnon qu'à ce prix l'empire et l'existence même n'ont pour lui aucun charme; car, que faire de l'empire et de la vie quand ceux avec lesquels on voudrait partager l'empire et passer sa vie ne seront plus? Son impassible compagnon le gourmande et lui dit: « En vérité, Ardjouna, tu es bien ridicule avec ta pitié ! Que parles-tu d'amis et de parents ? — Que parles-tu d'hommes ? — Parents, amis, hommes, bêtes ou pierres, c'est tout un. *Une force éternelle* a fait tout ce que tu vois et le renouvelle sans cesse. Ce qui est aujourd'hui homme, hier était plante, et demain peut-être le redeviendra. Le principe de tout cela est éternel : qu'importe le reste? Tu es comme Schatrias, comme homme de la caste des guerriers condamné à te battre : fais-le donc ; il en résultera un carnage épouvantable ; le lendemain le soleil luira sur le monde, éclairera des scènes nouvelles, et le principe éternel subsistera. Hors ce principe, tout est illusion. »

On lit dans les *Pensées de Marc-Aurèle :*
« La mort est, comme la naissance, un mystère de la nature, une nouvelle combinaison des mêmes éléments. »

SUPERSTITION

La superstition naît de l'ignorance
et du besoin de croire.
(De Laténa.)

SUPERSTITION

La superstition est cette croyance absurde au surnaturel qui est enseignée dans certaines écoles, et dans beaucoup de religions, et que nous rencontrons dans une grande partie du peuple, et même dans ce qu'on est convenu d'appeler les classes élevées de la société. Cette aberration de la raison a existé de tous les temps, et on la retrouve encore aujourd'hui dans tous les pays.

Quand on pense que la superstition est, à peu de chose près, aussi forte aujourd'hui qu'au siècle de Moïse, on est tenté de croire que l'intelligence des masses n'est pas encore assez développée pour comprendre les avantages du libre examen et de la liberté de l'esprit. Cependant quatre mille ans nous séparent de ce législateur. Cela tient évidemment au défaut d'instruction.

Quinte-Curce a dit avec raison : « Les superstitions sont les vains jouets de l'esprit des hommes, et il n'y a pas de moyen plus efficace que la superstition pour gouverner la multitude. » On comprend d'après cela pourquoi les ministres de tous les cultes ont été à toute époque, et sont encore, ennemis des lumières.

Lucrèce, en professant et en répandant ses doctrines matérialistes, espérait détruire la superstition et les folles terreurs qu'elle engendre.

✕

Cicéron a dit que détruire la superstition ce n'est pas détruire la religion.

Les Romains étaient très superstitieux. Cicéron disait dans sa troisième Catilinaire que les dieux avaient prédit la conjuration de Catilina et ses desseins criminels en embrasant le ciel du côté de l'Occident, en faisant éclater la foudre, en incendiant le Capitole, en renversant les statues des dieux et des héros, en fondant les tables des lois. Il affirmait que tous ces événements (que nous considérons, pour la plupart, comme le résultat de phénomènes physiques) étaient un avertissement des dieux. Cicéron était trop intelligent pour y croire ; mais, en sa qualité de *Pontife*, il comprenait jusqu'où allait la superstition du peuple romain, et il crut devoir lui faire cette concession.

×

Les poètes ont été les premiers à propager les idées superstitieuses en donnant le jour à des créations imaginaires. C'est ainsi que les anciens ont chanté l'Olympe qu'ils considéraient comme la demeure des dieux.

Homère et *Virgile* ont donné des descriptions des Champs-Élysées et du Tartare sans jamais les avoir vus puisqu'ils n'existent pas. Malgré cela la légende, une fois composée, a été acceptée et a servi de distraction pendant les longues soirées d'hiver.

Les anciens employaient souvent des métaphores pour frapper les esprits.

Aristophane, dans sa pièce *les Nuées*, bafouant *Cléon* le Paphlagonien, dit que, lorsqu'on le nomma général, *la lune se détourna de sa route accoutumée et le soleil retira son flambeau et refusa de luire.* Il est bien évident que ce ne sont que des images, et que les ignorants et les simples d'esprit sont seuls à prendre ces contes au sérieux. Il suffit de réfléchir un peu pour comprendre qu'ils sont contraires aux lois de la nature, et par conséquent impossibles.

×

Virgile raconte également qu'à la mort de César, *le soleil couvrit son front d'un voile lugubre et menaça les mortels coupables d'une nuit éternelle.* Il ajoute qu'après cette mort la colère du ciel se manifesta partout. L'Etna vomit plus souvent sa lave brûlante; les Germains entendirent des voix sinistres dans les bois sacrés; *les Alpes tremblèrent;* des fantômes hideux apparurent à l'entrée de la nuit; les animaux parlèrent; les sources donnèrent du sang au lieu d'eau ; des comètes annoncèrent la colère des dieux, etc., etc. » Inutile de dire qu'il n'y a rien de véridique dans cette description, mais tout cela a été composé à dessein pour agir fortement sur l'imagination des hommes de cette époque.

×

C'est ainsi qu'un peu plus tard on a inséré dans les évangiles de semblables figures. On y lit effectivement qu'à la mort de Jésus *le ciel s'obscurcit de ténèbres, le voile du temple fut déchiré en deux du haut jusqu'en bas, la terre trembla, les pierres se fendirent, les tombeaux furent ouverts*, et des saints qui étaient morts se levèrent, sortirent de leurs tombeaux et se montrèrent à plusieurs personnes de la ville sainte.

Si l'on s'en rapporte à la légende arabe,

Mahomet vint au monde *circoncis* et la joie empreinte sur son visage. *La terre trembla trois fois*, les idoles s'inclinèrent, les trônes des rois furent renversés. Une voix du ciel fit entendre ces paroles : « J'ai envoyé au monde mon ami fidèle. »

Mahomet, se disant en rapport avec l'Éternel, fait un mensonge qu'il croit utile à la réforme des mœurs de ses concitoyens. Les *Soutras*, écrits en arabe, qu'il prétend lui être envoyés par Dieu, sont évidemment des produits de son imagination. Mahomet, dans cette circonstance, a agi comme Moïse, comme Numa, comme Zoroastre, et beaucoup de législateurs qui, ne se sentant pas assez de puissance pour faire accepter leurs œuvres, les attribuaient à une intelligence suprême.

Il n'est pas difficile de comprendre qu'il

n'y a rien de vrai dans toutes ces histoires, et qu'on ne leur a donné cette forme dramatique que pour impressionner les esprits faibles, toujours disposés et empressés à accueillir toutes les superstitions : plus celles-ci sont absurdes, plus elles sont en opposition aux lois de la nature et au bon sens, plus elles ont de chance d'être acceptées par le peuple avide du merveilleux.

Nous rions, aujourd'hui, de l'empressement des populations à accepter comme véridiques ces contes fantastiques dignes de prendre place dans les œuvres de Perrault. Et cependant il en est ainsi de toutes les superstitions, c'est-à-dire de cette confiance aveugle que les hommes mettent dans les mythes ou les fétiches qu'on impose à leur crédulité, à leur adoration ; fétiches et mythes que nous retrouvons dans toutes les religions, et qui semblent prouver que l'homme craint de faire usage de sa raison. Dans sa paresse ou son indifférence, il préfère croire aveuglément, même l'absurde, plutôt que de se livrer au moindre examen des questions qui touchent aux préjugés les plus vulgaires qu'il a sucés avec le lait maternel, et dont on a saturé son intelligence durant les premières années de son enfance.

✕

Dans l'astronomie populaire de M. Flammarion nous lisons : « Les religions commencent par l'esprit, mais elles finissent par la matérialisation des idées les plus pures ; elles naissent des aspirations, des désirs, des espérances ; elles répondent d'abord aux idées par des idées ; ensuite on fabrique des *idoles* et l'on se prosterne devant elles. »

Cette tendance à l'idolâtrie était déjà combattue par Moïse : « *Tu ne te feras point d'idole taillée, ni aucune image de ce qui est au ciel, ni sur la terre, ni dans les eaux, ni sous la terre.* — Vous ne vous ferez point de dieux d'argent, vous ne vous ferez point de dieux d'or, etc. »

Malgré ces défenses de la Bible, nous voyons le christianisme et le judaïsme inondés d'amulettes : aux juifs il faut des *phylactères*, des *schibboleth ;* aux catholiques des scapulaires, des reliques, des médailles, etc.

Montesquieu, après avoir critiqué, dans sa XXIV° Lettre persane, le dogme de la Trinité et celui de l'Eucharistie, ajoute que le pape, pour tenir le peuple en haleine et ne point lui laisser perdre l'habitude de croire, lui donne, de temps en temps, pour l'exercer, certains articles de croyance, etc.

Si Montesquieu était encore de ce monde, il verrait que rien n'est changé et que le système continue. Quelles réflexions ne ferait-il pas sur le dogme de *l'infaillibilité*

du pape déclarée par une assemblée composée d'hommes faillibles ; et sur *l'immaculée Conception*, difficile à expliquer aux jeunes filles qui fréquentent le catéchisme !
— Il constaterait que le pape éprouve encore aujourd'hui le besoin de stimuler la foi des catholiques en créant de nouveaux articles de croyance.

Toute innovation, tout dogme nouveau imposé à la foi des populations est, suivant nous, une faute grave qui éloigne de la religion beaucoup de fidèles et d'hommes sérieux qui ne peuvent accepter avec une confiance aveugle les élucubrations de personnages sujets à erreurs comme le reste des humains, et le plus souvent mus par des questions d'intérêt.

Tout dogme nouveau indique le déclin d'une religion et le besoin qu'elle a de relever son ascendant sur des peuples qui s'éloignent d'elle, ou ne la regardent que d'un œil indifférent.

Dès qu'une religion est fondée par ses dogmes, elle doit être immuable dans ses principes, et ne pas se modifier suivant l'esprit ou les tendances des époques qu'elle traverse, sous peine de perdre le prestige qui s'attache à tout ce qui est ancien, et nous vient de loin.

Au chapitre xiii du *Livre de la Sagesse* (Bible) il est écrit : « Si un ouvrier habile taille avec soin un *morceau de bois* et lui donne, par son art, une figure à l'image de l'homme, il le peint et le place dans un asile convenable, ou une niche, et il l'affermit de peur qu'il ne tombe, car il sait fort bien que *cette statue ne peut rien par elle-même*, et qu'elle a besoin d'un secours étranger. Cependant, imbu de superstition, cet ouvrier adresse des vœux *à ce morceau de bois* pour le bonheur de ses enfants et la prospérité de ses champs. Il demande la santé à celui qui n'est rien ! »

L'ignorance et la superstition expliquent seules cette passion de tous les peuples à créer des idoles pour les adorer.

L'homme est toujours dupe de son imagination.

×

Sénèque, dans sa lettre à Marcia, pour la consoler de la perte de son fils, s'exprime ainsi : « Pourquoi donc, Marcia, êtes-vous si vivement affectée ? Soyez bien persuadée que votre fils ne souffre aucun mal hors de ce monde. Tous les récits effrayants qu'on nous débite sur les enfers ne sont que des fables. Les morts n'ont rien à craindre, ni torrents de feu, ni ténèbres, ni nouveaux tyrans. Ce sont des plaisanteries de poètes pour nous inquiéter de terribles chimères. La mort est la fin de toutes nos douleurs, c'est une barrière que le malheur ne franchit pas. »

×

Spinoza, qui ne croyait pas aux miracles, s'exprime ainsi dans son traité théologico-politique au sujet des prophètes et des prophéties :

« Les prophètes étaient des hommes grossiers pour la plupart, mais avec une imagination ardente qui les faisait divaguer souvent, et comme ils manquaient d'instruction, ils exprimaient mal leurs pensées ; de là vient que leurs prophéties étaient peu claires et souvent à double entente. Aussi les miracles, qui sont contraires aux lois de la nature, doivent-ils être considérés comme des événements qui ont été mal compris. Il faut donc les rejeter. »

Büchner, en rappelant le fait suivant bien connu de nous tous, septuagénaires, s'écrie : « Est-il possible que, dans un temps où les sciences naturelles sont, pour ainsi dire, hors de page, le clergé d'une nation aussi civilisée que la nation anglaise ait fait preuve de la plus grossière superstition dans sa fameuse dispute avec lord Palmerston ? C'est pourtant ce qui est arrivé. A la dernière invasion du choléra en Europe, le clergé anglican pria le gouvernement d'ordonner un jour de jeûne et de prières pour détourner le fléau de l'Angleterre ! « La propagation du choléra, répondit le noble lord, repose sur des conditions naturelles en partie connues ; elle pourra être conjurée avec plus d'efficacité par des mesures sanitaires que par des prières. » Cette réponse lui attira le reproche d'athéisme, et le clergé déclara que c'était un péché mortel de ne pas croire que la providence pût transgresser en tout temps les lois de la nature. »

C'était évidemment une spéculation intéressée de la part du clergé. Si le choléra n'était pas venu, le clergé aurait attribué ce résultat aux prières et au jeûne, mesures dues à son influence, et, en reconnaissance de ce bienfait, l'argent serait arrivé à la caisse. Dans le cas contraire, il aurait accusé les Anglais de n'avoir pas prié avec toute la faveur voulue, etc.

Aujourd'hui personne ne croit aux oracles, aux augures, aux aruspices, aux prophètes, aux miracles, à la grâce suffisante, à la grâce efficace, au pouvoir des amulettes, des fétiches, des talismans, etc., toutes superstitions qui ont fait le malheur des hommes et dont l'humanité se débarrasse tous les jours.

BONHEUR

Le bonheur est une proportion juste entre les désirs, les besoins et le pouvoir de les satisfaire.
(Dumarsais.)

Le bonheur est l'absence du mal.
(Épicure.)

C'est la santé du corps unie à la paix du cœur et de l'esprit.
(J. Zaccone.)

BONHEUR

Pindare recommandait aux hommes de jouir des dons de la nature et d'écouter la voix de la sagesse. Il rapelle aux mortels que leur dernier vêtement sera la terre.

Sophocle a dit : « La joie et la douleur reviennent régulièrement pour chacun de nous. Rien n'est durable chez les mortels : chagrin, richesse, tout passe. »

Socrate, qui a posé le principe de l'immortalité de l'âme, sans le prouver, place le bonheur dans l'autre monde. Cette théorie a donné lieu à tout le mysticisme des esséniens et de tous les ordres religieux du catholicisme.

Sacrifier toutes les jouissances de la vie présente en vue d'une existence future dont rien ne nous garantit la réalité, c'est, selon nous, s'exposer à se priver d'une existence qu'on peut rendre heureuse ici-bas, pour courir après une chimère, sur la foi d'une théorie qui peut avoir un côté consolant pour les êtres affligés moralement et physiquement, mais qui n'est au fond qu'une espérance vague, peut-être un simple désir, et certainement une utopie au séduisant mirage.

Aristote, en affirmant que le bonheur peut être atteint dans ce monde, a été plus pratique que *Socrate*, et ses théories bien appliquées résoudraient le problème, autant que la chose est possible, en tenant compte des imperfections de l'humanité, du tempérament et de l'éducation de chacun.

Aristote place le bonheur dans une sagesse réfléchie, maintenant constamment nos facultés dans *un juste milieu* pour éviter que les excès, en plus ou en moins, ne nuisent aux actes que nous devons accomplir conformément à la raison, fruit des méditations incessantes de notre pensée.

Il y a une pensée chinoise qui se résume ainsi : ne cherche pas le bonheur dans la haute fortune, ni dans les plaisirs. Si ceux-ci durent longtemps, ils nous fatiguent, et la satiété va jusqu'au dégoût. Dans les places on désire la retraite ; dans les fêtes le repos. Il n'y a que la sagesse qu'on aime d'autant plus qu'on y fait de progrès.

×

Selon *Zénon de Citium*, le bonheur réside dans la vertu parce qu'elle est sa propre jouissance se suffisant à elle-même.

Epicure disait qu'il faut, pour vivre heureux, user de toutes les jouissances *physiques*, *morales* et *intellectuelles*, sans en abuser.

Horace pensait de même.

Nous sommes complètement de leur avis.

Ceux qui ont prétendu que la philosophie d'Épicure n'était que sensuelle ont mal compris Épicure. Il avait pour principe qu'il faut goûter des jouissances sensuelles et intellectuelles.

Il raisonnait juste, car si la nature a doué l'homme d'une organisation plus parfaite, c'est pour qu'il use des facultés qui en découlent. Nous sommes au monde pour vivre et produire comme tous les animaux et les végétaux. Les uns et les autres n'ont-ils pas leurs amours ? *Croissez et multipliez* est la première loi de la nature. Peut-on empêcher un pommier de fleurir et de porter des pommes ? Non, il faut qu'il produise jusqu'à épuisement de la sève, et quand la sève est épuisée il meurt ; absolument comme l'homme quand le sang est usé.

Épicure a encore émis ce principe : « Pour vivre heureux, cache-toi. » En effet le bonheur aime la solitude, loin des envieux.

C'est le même sentiment qui est exprimé par *Florian*, dans sa fable du Grillon :

Pour vivre heureux, vivons cachés.

Nous avons vu que la philosophie est l'étude de la sagesse, et qu'elle a pour objectif le bonheur de l'homme. Mais quelles sont les conditions à réunir pour être heureux ?

Il faut :

1° Savoir nous contenter de notre position quelque modeste qu'elle soit. Sénèque a dit très judicieusement : « Ce n'est pas d'avoir peu qui fait la pauvreté, c'est de désirer plus qu'on ne peut obtenir ».

2° Ne pas nous inquiéter des événements à venir que notre imagination nous présente sous une forme menaçante. Nous rappeler sans cesse qu'ils ne s'accomplissent presque jamais selon nos craintes, et qu'il faut, quand ils surviennent contrairement à nos désirs, les accepter tels quels avec calme et résignation, les chagrins, le désespoir, ne pouvant rien y changer.

3° User sans excès de tous les biens de la vie mis à notre portée.

4° Ne pas troubler notre existence des chimères insensées d'un autre monde dont personne ne peut attester la réalité.

5° Avoir un but dans la vie pour stimuler notre existence, la soutenir et la prolonger.

6° Nous prémunir contre les entraînements de la jeunesse, et nous constituer une famille le plus tôt possible.

7° Charmer nos loisirs en nous consacrant soit aux belles-lettres, soit aux sciences, soit aux beaux-arts.

C'est un moyen de maintenir constamment notre intelligence en action et de passer agréablement notre temps.

8° Être juste envers nos semblables ; honnête envers tout le monde ; utile aux hommes laborieux de toutes conditions ; compatissant à toutes les misères dans la limite de nos moyens ; la conscience alors sera satisfaite et calme, heureuse du devoir accompli. Ce calme sera la récompense méritée de nos bonnes actions, ce qui vaut mieux, humainement parlant, qu'une récompense aléatoire dans un monde qui n'existe pas, et qui n'a été inventé par quelques *calchas* que pour épouvanter les hommes faibles et les vieilles femmes, afin de les dominer et de les mieux exploiter.

9° N'oublions jamais que pour être heureux il faut toujours nous comparer à ceux qui sont moins favorisés des dons de la fortune, de la santé du corps et de l'esprit ; rappelons-nous continuellement que rien n'est parfait ; que les animaux et les végétaux souffrent tous plus ou moins, et que l'humanité ne peut pas être exempte de souffrances, puisque l'homme n'est qu'un mammifère un peu dégrossi.

Le bonheur est relatif ; il est beaucoup plus dans l'imagination que dans le fait matériel d'une aisance plus ou moins grande, plus ou moins éphémère.

✕

Spinoza déclare que le bonheur n'est point un idéal insaisissable ; il croit fermement, au contraire, qu'un philosophe peut y atteindre.

Nous savons bien qu'à côté des préceptes énoncés ci-dessus, il y a le tempérament de chacun dont il faut tenir compte, et que l'homme a souvent beaucoup de peine à maîtriser : Mais si l'on n'en devient pas complètement maître, on parviendra, avec de la persévérance il est vrai, à diminuer un peu l'ardeur de la passion dominante ; et avec le temps elle s'éteindra, parce que tout s'use. On arrive à se refaire un peu par l'instruction et beaucoup par l'éducation ; de là, cette nécessité d'instruire et de bien élever la jeunesse en lui donnant des principes larges, dégagés de toute superstition, et basés uniquement sur la raison et l'honneur.

Paul Janet, dans sa *philosophie du bon-*

heur, reconnaît que « le caractère joue un rôle très considérable dans la vie réelle. » Il faut donc compter avec lui, le caractère n'étant autre que le tempérament modifié par l'éducation et l'instruction.

Diogène dans son tonneau, n'ayant qu'un manteau pour tout vêtement, était plus heureux qu'Alexandre au milieu de sa grandeur. Alexandre le comprit après avoir vu Diogène, et entendu la réponse qu'il fit à sa demande de lui être utile :

« Ote-toi de mon soleil. »

C'est alors qu'il dit à ceux qui l'entouraient :

« Voilà un homme heureux, et si je n'étais Alexandre, je voudrais être Diogène. »

CONCLUSION

> La science et la philosophie doivent
> suffire un jour à l'humanité.
> (VACHEROT.)

CONCLUSION

Pour conclure, nous résumons tout ce qui précède ainsi qu'il suit :

1° *Dieu*, cette force, cette puissance répandue dans tout l'univers, sera toujours pour l'homme un x, un $\frac{x}{0}$, malgré les prétentions orgueilleuses des théologiens. Pour eux, c'est un esprit pur qui remplit l'espace sans limites, qui est partout, gouverne tout, sans être connu d'eux, ni de qui que ce soit. Ils ont fait de cette définition un article de foi, ce qui évite toute dicussion.

Pour les panthéistes, Dieu n'existe pas

personnellement, c'est une *force* inhérente à la matière.

2° L'*âme* est une équation insoluble.

Pour les théologiens, c'est une émanation de Dieu. — Comme il est impossible d'en démontrer l'existence, ils en ont fait un article de foi ; moyen commode quand on est embarrassé de faire la preuve.

Pour les déistes et les matérialistes, ce n'est qu'un *mot* pour exprimer la résultante, l'harmonie de toutes les facultés intellectuelles de l'homme, et qui disparaît avec la vie. C'est l'opinion du plus grand nombre des philosophes, des libres penseurs et des trois quarts de l'humanité.

D'après *Voltaire*, le mot *âme* est un terme dont toutes les nations se sont servies *pour exprimer ce qu'elles n'entendaient pas mieux que nous.*

Maintenant, cher lecteur, si vous voulez

vivre heureux et mourir en paix, je vous dirai en ami :

1° Rejetez sans hésiter toute superstition sous quelque forme qu'elle se présente à vous.

2° Ne croyez que ce que votre raison peut comprendre, sans vous préoccuper du reste.

3° Usez de vos facultés physiques et intellectuelles sans abuser d'aucune.

4° Aimez votre prochain, aidez-le suivant vos moyens, *de quelque nationalité qu'il soit*, parce qu'il n'y a qu'une humanité sur la terre.

5° Suivez en toutes circonstances les lois de l'honneur, et prenez pour divise :

<blockquote>Fais ce que dois, advienne que pourra.</blockquote>

En agissant ainsi, ami lecteur, vous aurez la conscience tranquille, et vous vous endormirez à jamais du sommeil du juste.

C'est ce que je vous souhaite sincèrement, ainsi qu'à moi-même, quand le moment sera venu de rendre à la nature les éléments qu'elle nous a prêtés.

ÉPILOGUE

Le conseil que je vous donne, cher lecteur, est le résultat d'une longue expérience de la vie, et de 25 ans de réflexion. J'avais 70 ans quand, en 1882, je fis paraître la première édition de ce volume.

Aujourd'hui je suis dans ma 76ᵉ année, et je maintiens mes convictions parce que je leur dois le calme de mes vieux jours. Je désire de tout cœur qu'il en soit de même pour vous.

TABLE ALPHABÉTIQUE

DES AUTEURS ET DES OUVRAGES CITÉS

DANS LES

RÉFLEXIONS PHILOSOPHIQUES

	Pages
Aimé Martin	144
Allan Kardec	25
Amaury	16
Anacréon	93
Anne Dubourg	18
Anaxagore	183
Aristophane	202
Aristote	7, 50, 98, 218
Aristoxène	50
Auguste Comte	115
Auguste Nicolas	58, 63, 121
Averroès	101
Bacon	102
Bernardin de Saint-Pierre	23
Bible (la)	25, 82, 156, 208

	Pages
Bode	155
Blumenbach	145
Bossuet	173
Bouddha	48
Bouddhisme	97, 123
Bouillet	95
Brahma	96
Büchner	23, 129, 163, 212
Calvin	19
Cecco d'Ascoli	16
Chateaubriand	181
Cicéron	201
Concile de Tours	83
Condillac	112
Copernic	17
Cuvier	145
Cardinal de Cuss	58
Darwinisme	145
Démocrite	49
Descartes	9, 30, 51
Destouches	88
Dicéarque	100
Diderot	189
Diogène	226
Dumarsais	215
Duns Scot	102
École d'Alexandrie	51

	Pages
Ecclésiaste	120, 168
E. Caro	56, 118
Émile Ferrière	145
Empédocle	98
Épicure	100, 161, 215, 220, 221
Eschyle	166
Étienne Dolet	18
Euripide	162
Figuier	20, 106
Flammarion	57, 79, 151, 207
Florian	62, 128, 221
Flourens	178
Genèse	139
Giordano Bruno	18
Hégel	114
Helvétius	103, 190
Héraclite	190
Hobbes	46, 54, 109
Homère	202
Horace	220
Huxley	146
Isidore Geoffroy	146
Jean Huss	17
Jérôme de Prague	17
Jourdan	37
Kabbale	42
Kabbalistes	53

TABLE DES AUTEURS

	Pages
Kant	8, 113, 137
Kapila	47, 97
La Fontaine	61
Laténa (de)	197
Leibnitz	111, 153
Leucippe	48
Linné	144
Littré	175
Locke	55, 110
Lucrèce	101, 200
Luther	151
Mahomet	114, 205
Maïmonide	63
Malebranche	109, 172
Manès	86
Marc-Aurèle	195
Mérian	114
Moleschott	23
Montaigne	14, 102, 105
Montesquieu	208
Moschus	100
Newton	14, 78
Occam	102
Orphée	93
Pascal	106
Paul Janet	3, 225
Pezzani	28

TABLE DES AUTEURS

Pages

Pindare	117
Platon	13, 65
Plotin	53, 105, 168
Proudhon	11
Pyrrhon	100
Pythagore	98
Quinte-Curce	200
Reid	114
Renan	147
Sagesse (le Livre de la)	121, 210
Saint Augustin	55, 91, 153, 170
Saint Paul	172
Saint Thomas d'Aquin	170
Schwalbé	90
Ségur (de)	11
Sénèque	167, 211, 222
Servet	19
Socrate	7, 13, 15, 49, 89, 217, 229
Solon	106
Sophocle	167, 217
Spinoza	3, 15, 53, 134, 171, 212, 224
Strauss	55
Tacite	168
Thalès de Milet	97, 181
Timée de Locres	49
Vacherot	8, 55, 116, 176, 191, 227
Vanini	18

Victor Cousin. 55, 71, 99, 175,	192
Virgile. 202,	203
Vogt	69
Voltaire 46, 92,	230
Xénophane	54
Young.	103
Zénon de Citium	220
Zoroastre	86

TABLE DES MATIÈRES

	Pages
AVANT-PROPOS	7
PHILOSOPHIE	11
DIEU	37
L'AME	69
L'HOMME	120
PROVIDENCE	147
LIBRE ARBITRE	163
MATIÈRE	181
SUPERSTITION	197
BONHEUR	212
CONCLUSION	227
ÉPILOGUE	232
TABLE ALPHABÉTIQUE DES AUTEURS ET DES OUVRAGES CITÉS DANS CE VOLUME	233

Paris. — Imprimerie Paul DUPONT, 24, rue du Boulol 360.3.88.

www.ingramcontent.com/pod-product-compliance
Lightning Source LLC
Chambersburg PA
CBHW071911160426
43198CB00011B/1263